JAKOB MICHAEL REINHOLD LENZ

DER HOFMEISTER

oder
Vorteile der Privaterziehung

Eine Komödie

HAMBURGER LESEHEFTE VERLAG
HUSUM/NORDSEE

PERSONEN

HERR VON BERG, *Geheimer Rat*
DER MAJOR, *sein Bruder*
DIE MAJORIN
GUSTCHEN, *ihre Tochter* (auch Augustchen genannt)
FRITZ VON BERG
GRAF WERMUTH
LÄUFFER, *ein Hofmeister*
PÄTUS } *Studenten*
BOLLWERK } *Studenten*
HERR VON SEIFFENBLASE
SEIN HOFMEISTER
FRAU HAMSTER, *Rätin*
JUNGFER HAMSTER
JUNGFER KNICKS
FRAU BLITZER
WENZESLAUS, *ein Schulmeister*
MARTHE, *alte Frau*
LISE
DER ALTE PÄTUS
DER ALTE LÄUFFER, *Stadtprediger*
LEOPOLD, *Junker des Majors, ein Kind*
HERR REHAAR, *Lautenist*
JUNGFER REHAAR, *seine Tochter*

ERSTER AUFZUG

Zu Insterburg in Preußen

ERSTER AUFTRITT

Läuffer allein

LÄUFFER. Mein Vater sagt, ich sei nicht tauglich zum Adjunkt. Ich glaube, der Fehler liegt in seinem Beutel; er will keinen bezahlen. Zum Pfaffen bin ich auch zu jung, zu gut gewachsen, habe zu viel Welt gesehn, und bei der Stadtschule hat mich der Geheime Rat nicht annehmen wollen. Mag's! Er ist ein Pedant, und dem ist freilich der Teufel selber nicht gelehrt genug. Im halben Jahr hätt ich doch wieder eingeholt, was ich von der Schule mitgebracht, und dann wär ich für einen Klassenpräzeptor noch immer viel zu gelehrt gewesen; aber der Herr Geheime Rat muss das Ding besser verstehen. Er nennt mich immer nur Monsieur Läuffer, und wenn wir von Leipzig sprechen, fragt er nach Händels Kuchengarten und Richters Kaffeehaus; ich weiß nicht: soll das Satire sein, oder – Ich hab ihn doch mit unserm Konrektor bisweilen tiefsinnig genug diskutieren hören; er sieht mich vermutlich nicht für voll an. – Da kommt er eben mit dem Major; ich weiß nicht, ich scheu ihn ärger als den Teufel. Der Kerl hat etwas in seinem Gesicht, das mir unerträglich ist. *(Geht an dem Geheimen Rat und dem Major mit viel freundlichen Scharrfüßen vorbei.)*

ZWEITER AUFTRITT

Geheimer Rat. Major

MAJOR. Was willst du denn? Ist das nicht ein ganz artiges Männichen?

GEHEIMER RAT. Artig genug, nur zu artig. Aber was soll er deinen Sohn lehren?

MAJOR. Ich weiß nicht, Berg, du tust immer solche wunderliche Fragen.

GEHEIMER RAT. Nein, aufrichtig! Du musst doch eine Absicht haben, wenn du einen Hofmeister nimmst und den Beutel mit einem Mal so weit auftust, dass dreihundert Dukaten herausfallen. Sag mir, was meinst du mit dem Geld auszurichten? Was forderst du dafür von deinem Hofmeister?

MAJOR. Dass er – was ich – dass er meinen Sohn in allen Wissenschaften und Artigkeiten und Weltmanieren – Ich weiß auch nicht, was du immer mit deinen Fragen willst; das wird sich schon finden; das werd ich ihm alles schon zu seiner Zeit sagen.

GEHEIMER RAT. Das heißt: Du willst Hofmeister deines Hofmeisters sein; bedenkst du aber auch, was du da auf dich nimmst – Was soll dein Sohn werden, sag mir einmal?

MAJOR. Was er... Soldat soll er werden; ein Kerl, wie ich gewesen bin.

GEHEIMER RAT. Das Letzte lass nur weg, lieber Bruder; unsere Kinder sollen und müssen das nicht werden, was wir waren; die Zeiten ändern sich, Sitten, Umstände, alles, und wenn du nichts mehr und nichts weniger geworden wärst als das leibhaftige Konterfei deines Eltervaters –

MAJOR. Potzhundert! Wenn er Major wird und ein braver Kerl wie ich und dem König so redlich dient als ich!

GEHEIMER RAT. Ganz gut, aber nach fünfzig Jahren haben wir vielleicht einen andern König und eine andre Art, ihm zu dienen. Aber ich seh schon, ich kann mich mit dir in die Sachen nicht einlassen, ich müsste zu weit ausholen und würde doch nichts ausrichten. Du siehst immer nur der geraden Linie nach, die deine Frau dir mit Kreide über den Schnabel zieht.

MAJOR. Was willst du damit sagen, Berg? Ich bitt dich, misch dich nicht in meine Hausangelegenheiten, so wie ich mich nicht in die deinigen. – Aber sieh doch! da läuft ja eben dein gnädiger Junker mit zwei Halunken aus der Schule heraus. – Vortreffliche Erziehung, Herr Philosophus! Das wird einmal was Rechts geben! Wer sollt es in aller Welt glauben, dass der Gassenbengel der einzige Sohn Seiner Exzellenz des Königlichen Geheimen Rats –

GEHEIMER RAT. Lass ihn nur. – Seine lustigen Spielgesellen werden ihn minder verderben als ein galonierter Müßiggänger, unterstützt von einer eiteln Patronin.

MAJOR. Du nimmst dir Freiheiten heraus. – Adieu.

GEHEIMER RAT. Ich bedaure dich.

DRITTER AUFTRITT

Der Majorin Zimmer. Frau Majorin *auf einem Kanapee.* Läuffer *in sehr demütiger Stellung neben ihr sitzend.* Leopold *steht.*

MAJORIN. Ich habe mit Ihrem Herrn Vater gesprochen, und von den dreihundert Dukaten stehenden Gehalts sind wir bis auf hundertundfünfzig einig geworden. Dafür verlang ich aber auch, Herr – wie heißen Sie? – Herr Läuffer, dass Sie sich in Ihren Kleidern sauber halten und unserm Hause keine Schande machen. Ich weiß, dass Sie Geschmack haben; ich habe schon von Ihnen gehört, als Sie noch in Leipzig waren. Sie wissen, dass man heutzutage auf nichts in der Welt so sehr sieht, als ob ein Mensch sich zu führen wisse.

LÄUFFER. Ich hoff, Euer Gnaden werden mit mir zufrieden sein. Wenigstens hab ich in Leipzig keinen Ball ausgelassen und wohl über die fünfzehn Tanzmeister in meinem Leben gehabt.

MAJORIN. So? Lassen Sie doch sehen. *(Läuffer steht auf.)* Nicht furchtsam, Herr – Läuffer! Nicht furchtsam! Mein Sohn ist buschscheu genug; wenn der einen blöden Hofmeister bekommt, so ist's aus mit ihm. Versuchen Sie doch einmal, mir ein Kompliment aus der Menuett zu machen; zur Probe nur, damit ich doch sehe. – Nun, nun, das geht schon an! Mein Sohn braucht vorderhand keinen Tanzmeister! Auch einen Pas, wenn's Ihnen beliebt. – Es wird schon gehen; das wird sich alles geben, wenn Sie einmal einer unserer Assembleen werden beigewohnt haben ... Sind Sie musikalisch?

LÄUFFER. Ich spiele die Geige und das Klavier zur Not.

MAJORIN. Desto besser, wenn wir aufs Land gehen und Fräulein Milchzahn besuchen uns einmal; ich habe bisher ihnen immer etwas vorsingen müssen, wenn die guten Kinder Lust bekamen zu tanzen – aber besser ist besser.

LÄUFFER. Euer Gnaden setzen mich außer mich: Wo wäre ein Virtuos auf der Welt, der auf seinem Instrument Euer Gnaden Stimme zu erreichen hoffen dürfte!

MAJORIN. Ha ha ha! Sie haben mich ja noch nicht gehört ... Warten Sie; ist Ihnen die Menuett bekannt? *(Singt.)*

LÄUFFER. Oh... oh... verzeihen Sie dem Entzücken, dem Enthusiasmus, der mich hinreißt. *(Küsst ihr die Hand.)*

MAJORIN. Und ich bin doch enrhumiert dazu; ich muss heut krähen wie ein Rabe. Vous parlez français, sans doute?

LÄUFFER. Un peu, Madame.

MAJORIN. Avez-vous déjà fait votre tour de France?

LÄUFFER. Non Madame ... Oui Madame.

MAJORIN. Vous devez donc savoir, qu'en France on ne baise pas les mains, mon cher ...

BEDIENTER *(tritt herein)*. Der Graf Wermuth ...

(Graf Wermuth tritt herein.)

GRAF *(nach einigen stummen Komplimenten setzt sich zur Majorin aufs Kanapee. Läuffer bleibt verlegen stehen)*. Haben Euer Gnaden den neuen Tanzmeister schon gesehn, der aus Dresden angekommen? Er ist ein Marchese aus Florenz und heißt ... Aufrichtig: ich habe nur zwei auf meinen Reisen angetroffen, die ihm vorzuziehen waren.

MAJORIN. Das gesteh ich, nur zwei! In der Tat, Sie machen mich neugierig; ich weiß, welchen verzärtelten Geschmack der Graf Wermuth hat.

LÄUFFER. Pintinello ... nicht wahr? Ich hab ihn in Leipzig auf dem Theater tanzen sehen; er tanzt nicht sonderlich ...

GRAF. Er tanzt – on ne peut pas mieux. – Wie ich Ihnen sage, gnädige Frau, in Petersburg hab ich einen Beluzzi gesehn, der ihm vorzuziehen war; aber dieser hat eine Leichtigkeit in seinen Füßen, so etwas Freies, Göttlich-Nachlässiges in seiner Stellung, in seinen Armen, in seinen Wendungen – –

LÄUFFER. Auf dem Kochischen Theater ward er ausgepfiffen, als er sich das letzte Mal sehen ließ.

MAJORIN. Merk Er sich, mein Freund, dass Domestiken in Gesellschaften von Standespersonen nicht mitreden. Geh Er auf sein Zimmer. Wer hat Ihn gefragt? *(Läuffer tritt einige Schritte zurück.)*

GRAF. Vermutlich der Hofmeister, den Sie dem jungen Herrn bestimmt? ...

MAJORIN. Er kommt ganz frisch von der hohen Schule. Geh Er nur! Er hört ja, dass man von Ihm spricht; desto weniger schickt es sich, stehen zu bleiben. *(Läuffer geht mit einem steifen Kompliment ab.)* Es ist etwas Unerträgliches, dass man für sein Geld keinen rechtschaffenen Menschen mehr antreffen kann. Mein Mann hat wohl dreimal an einen dasigen Professor geschrieben, und dies soll doch noch der galanteste Mann auf der ganzen Akademie gewesen sein. Sie sehen's auch wohl an seinem links bordierten Kleide. Stellen Sie sich vor, von Leipzig bis Insterburg zweihundert Dukaten Reisegeld und jährliches Gehalt fünfhundert Dukaten, ist das nicht erschrecklich?

GRAF. Ich glaube, sein Vater ist der Prediger hier aus dem Ort ...

MAJORIN. Ich weiß nicht – es kann sein – ich habe nicht danach gefragt – ja doch, ich glaub es fast, er heißt ja auch Läuffer; nun, dann ist er freilich noch artig genug. Denn das ist ein rechter Bär, wenigstens hat er mich ein für alle Mal aus der Kirche gebrüllt.

GRAF. Ist's ein Katholik?

MAJORIN. Nein doch, Sie wissen ja, dass in Insterburg keine katholische Kirche ist; er ist lutherisch oder protestantisch, wollt' ich sagen, er ist protestantisch.

GRAF. Pintinello tanzt ... Es ist wahr, ich habe mir mein Tanzen einige dreißigtausend Gulden kosten lassen, aber noch einmal so viel gäb ich drum, wenn ...

VIERTER AUFTRITT

Läuffers Zimmer

Läuffer. Leopold. Der Major. Erstere sitzen an einem Tisch, ein Buch in der Hand, indem sie der Letztere überfällt.

MAJOR. So recht; so lieb ich's; hübsch fleißig – und wenn die Kanaille nicht behalten will, Herr Läuffer, so schlagen Sie ihm das Buch an den Kopf, dass er's Aufstehen vergisst, oder, wollt' ich sagen, so dürfen Sie mir's nur klagen. Ich will dir den Kopf zurechtsetzen, Heiduck du! Seht, da zieht er das Maul schon wieder. Bist empfindlich, wenn dir dein Vater was sagt? Wer soll dir's denn sagen? Du sollst mir anders werden, oder ich will dich peitschen, dass dir die Eingeweide krachen sollen, Duckmäuser! Und Sie, Herr, sein Sie fleißig mit ihm, das bitt ich mir aus, und kein Feriieren und Pausieren und Rekreieren, das leid ich nicht. Zum Plunder, vom Arbeiten wird kein Mensch das Malum hydropisiacum kriegen. Das sind nur Ausreden von euch Herren Gelehrten. – Wie steht's, kann er seinen Cornelio? Lippel! ich bitt dich um tausend Gottes willen, den Kopf grad. Den Kopf in die Höhe, Junge! *(Richtet ihn.)* Tausend Sakrament, den Kopf aus den Schultern! oder ich zerbrech dir dein Rückenbein in tausend Millionen Stücken.

LÄUFFER. Der Herr Major verzeihen: Er kann kaum lateinisch lesen.

MAJOR. Was? So hat's der Racker vergessen. – Der vorige Hofmeister hat mir doch gesagt, er sei perfekt im Lateinischen, perfekt ... Hat er's ausgeschwitzt – aber ich will dir – Ich will es nicht einmal vor Gottes Gericht zu verantworten haben, dass ich dir keinen Daumen aufs Auge gesetzt habe und dass ein Galgendieb aus dir geworden ist, wie der junge Hufeise oder wie deines Onkels Friedrich, eh du mir so ein gassenläuferischer Taugenichts – Ich will dich zu Tode hauen – *(Gibt ihm eine Ohrfeige.)* Schon wieder wie ein Fragezeichen? Er lässt sich nichts sagen. – Fort, mir aus den Augen – fort! Soll ich dir Beine machen? Fort, sag ich. *(Stampft mit dem Fuß, Leopold geht ab. Der Major setzt sich auf seinen Stuhl. Zu Läuffern.)* Bleiben Sie sitzen, Herr Läuffer; ich wollte mit Ihnen ein paar Worte allein sprechen, darum schickt' ich den jungen Herrn fort. Sie können immer sitzen bleiben; ganz, ganz. Zum Henker, Sie brechen mir ja den Stuhl entzwei, wenn Sie immer so auf einer Ecke ... Dafür steht ja der Stuhl da, dass man drauf sitzen soll. Sind Sie so weit gereist und wissen das noch nicht? – Hören Sie nur, ich seh Sie für einen hübschen artigen Mann an, der Gott fürchtet und folgsam ist; sonst würd ich das nimmer tun, was ich für Sie tue. Hundertundvierzig Dukaten jährlich hab ich Ihnen versprochen – das macht drei – warte – dreimal hundertundvierzig; wieviel macht das?

LÄUFFER. Vierhundertundzwanzig.

MAJOR. Ist's gewiss? Macht das so viel? Nun, damit wir gerade Zahl haben, vierhundert Taler preußisch Courant hab ich zu Ihrem Salarii bestimmt. Sehen Sie, das ist mehr, als das ganze Land gibt.

LÄUFFER. Aber mit Eurer Gnaden gnädigen Erlaubnis, die Frau Majorin haben mir von hundertundfünfzig Dukaten gesagt; das machte gerade vierhundertfünfzig Taler, und auf diese Bedingungen hab ich mich eingelassen.

MAJOR. Ei, was wissen die Weiber! – Vierhundert Taler, Monsieur; mehr kann Er mit gutem Gewissen nicht fordern. Der Vorige hat zweihundertfünfzig gehabt und ist zufrieden gewesen wie ein Gott. Er war doch, mein Seel, ein gelehrter Mann auch und ein Hofmann zugleich; die ganze Welt gab ihm das Zeugnis, und, Herr, Er muss noch ganz anders werden, eh Er so wird. Ich tu es nur aus Freundschaft für Seinen Herrn Vater, was ich an Ihm tue, und um Seinetwillen auch, wenn Er hübsch folgsam ist, und werd auch schon einmal für Sein Glück zu sorgen wissen; das kann Er versichert sein. – Hör Er doch einmal: Ich hab eine Tochter, die mein Ebenbild ist, und die ganze Welt gibt ihr das Zeugnis, dass ihresgleichen an Schönheit im ganzen Preußenlande nicht anzutreffen. Das Mädchen hat ein ganz anderes Gemüt als mein Sohn, der Buschklepper. Mit dem muss ganz anders umgegangen werden! Es weiß sein Christentum aus dem Grunde und in dem Grunde, aber es ist denn nun doch, weil sie bald zum Nachtmahl gehen soll, und ich weiß, wie die Pfaffen sind, so soll Er auch alle Morgen etwas aus dem Christentum mit ihr nehmen. Alle Tage morgens eine Stunde, und da geht Er auf ihr Zimmer; angezogen, das versteht sich; denn Gott behüte, dass Er so ein Schweinigel sein sollte, wie ich einen gehabt habe, der durchaus im Schlafrock an den Tisch kommen wollte. – Kann Er auch zeichnen?

LÄUFFER. Etwas, gnädiger Herr. – Ich kann Ihnen einige Proben weisen.

MAJOR *(besieht sie)*. Das ist ja scharmant! – Recht schön; gut das – Er soll meine Tochter auch Zeichnen lehren. – Aber hören Sie, werter Herr Läuffer, um Gottes willen ihr nicht scharf begegnet; das Mädchen hat ein ganz ander Gemüt als der Junge. Weiß Gott! es ist, als ob sie nicht Bruder und Schwester wären. Sie liegt Tag und Nacht über den Büchern und über den Trauerspielen da, und sobald man ihr nur ein Wort sagt, besonders ich, von mir kann sie nichts vertragen, gleich stehen ihr die Backen in Feuer und die Tränen laufen ihr wie Perlen drüber herab. Ich will's Ihm nur sagen: Das Mädchen ist meines Herzens einziger Trost. Meine Frau macht mir bittre Tage genug; sie will alleweil herrschen, und weil sie mehr List und Verstand hat als ich. Und der Sohn, das ist ihr Liebling; den will sie nach ihrer Methode erziehen, fein säuberlich mit dem Knaben Absalom, und da wird denn einmal so ein Galgenstrick draus, der nicht Gott, nicht Menschen was nütz ist. – Das will ich nicht haben. – Sobald er was tut oder was versieht oder hat seinen Lex nicht gelernt, sag Er's mir nur, und der lebendige Teufel soll dreinfahren. – Aber mit der Tochter nehm Er sich in Acht; die Frau wird Ihm schon zureden, dass Er ihr scharf begegnen soll. Sie kann sie nicht leiden, das weiß ich; aber wo ich das Geringste merke! – Ich bin Herr im Hause, muss Er wissen, und wer meiner Tochter zu nahe kommt – Es ist mein einziges Kleinod, und wenn der König mir sein Königreich für sie geben wollt', ich schickt ihn fort. Alle Tage ist sie in meinem Abendgebet und Morgengebet und in meinem Tischgebet, und alles in allem, und wenn Gott mir die Gnade tun wollte, dass ich sie noch vor meinem Ende mit einem General oder Staatsminister vom ersten Rang versorgt sähe – denn keinen andern soll sie mein Lebtag bekommen –, so wollt ich gern ein zehn Jahr eher sterben. – Merk Er sich das – und wer meiner Tochter zu nahe kommt oder ihr worin zu Leid lebt – die erste beste Kugel durch den Kopf. Merk Er sich das. – *(Geht ab.)*

FÜNFTER AUFTRITT

Fritz von Berg. Augustchen

FRITZ. Sie werden nicht Wort halten, Gustchen; Sie werden mir nicht schreiben, wenn Sie in Heidelbrunn sind, und dann werd ich mich zu Tode grämen.

GUSTCHEN. Glaubst du denn, dass deine Juliette so unbeständig sein kann? O nein; ich bin ein Frauenzimmer; die Mannspersonen allein sind unbeständig.

FRITZ. Nein, Gustchen, die Frauenzimmer allein sind's. Ja, wenn alle Julietten wären! – Wissen Sie was? Wenn Sie an mich schreiben, nennen Sie mich Ihren Romeo; tun Sie mir den Gefallen: Ich versichere Sie, ich werd in allen Stücken Romeo sein, und wenn ich erst einen Degen trage – oh, ich kann mich auch erstechen, wenn's dazu kommt.

GUSTCHEN. Gehn Sie doch! Ja, Sie werden's machen, wie im Gellert steht: Er besah die Spitz und Schneide und steckt' ihn langsam wieder ein.

FRITZ. Sie sollen schon sehen *(fasst sie an der Hand)*, Gustchen – Gustchen! Wenn ich Sie verlieren sollte, oder der Onkel wollte Sie einem andern geben – Der gottlose Graf Wermuth! Ich kann Ihnen den Gedanken nicht sagen, Gustchen, aber Sie könnten ihn schon in meinen Augen lesen. – Er wird ein Graf Paris für uns sein.

GUSTCHEN. Fritzchen – so mach ich's wie Juliette.

FRITZ. Was denn? – Wie denn? Das ist ja nur eine Erdichtung; es gibt keine solche Art Schlaftrunk.

GUSTCHEN. Ja, aber es gibt Schlaftrünke zum ewigen Schlaf.

FRITZ *(fällt ihr um den Hals)*. Grausame!

GUSTCHEN. Ich hör meinen Vater auf dem Gange. – Lass uns in den Garten laufen. – Nein; er ist fort. – Gleich nach dem Kaffee, Fritzchen, reisen wir, und sowie der Wagen dir aus den Augen verschwindet, werd ich dir auch schon aus dem Gedächtnis sein.

FRITZ. So mag Gott sich meiner nie mehr erinnern, wenn ich dich vergesse. Aber nimm dich vor dem Grafen in Acht, er gilt so viel bei deiner Mutter, und du weißt, sie möchte dich gern aus den Augen haben, und eh ich meine Schulen gemacht habe und drei Jahre auf der Universität, das ist gar lange.

GUSTCHEN. Wie denn, Fritzchen. Ich bin ja noch ein Kind – ich bin noch nicht zum Abendmahl gewesen, aber sag mir – Oh, wer weiß, ob ich dich so bald wieder spreche! – Wart, komm in den Garten.

FRITZ. Nein, nein, der Papa ist vorbeigegangen. – Siehst du, der Henker! er ist im Garten. – Was wolltest du mir sagen?

GUSTCHEN. Nichts ...

FRITZ. Liebes Gustchen –

GUSTCHEN. Du sollst mir – nein, ich darf das nicht von dir verlangen.

FRITZ. Verlange mein Leben, meinen letzten Tropfen Blut.

GUSTCHEN. Wir wollten uns beide einen Eid schwören.

FRITZ. O komm! Vortrefflich! Hier lass uns niederknien, am Kanapee; und heb du so deinen Finger in die Höh und ich so meinen. – Nun sag, was soll ich schwören?

GUSTCHEN. Dass du in drei Jahren von der Universität zurückkommen willst und dein Gustchen zu deiner Frau machen. Dein Vater mag dazu sagen, was er will.

FRITZ. Und was willst du mir dafür wieder schwören, mein englisches ... *(Küsst sie.)*

GUSTCHEN. Ich will schwören, dass ich in meinem Leben keines andern Menschen Frau werden will als deine, und wenn der Kaiser von Russland selber käme.

FRITZ. Ich schwör dir hunderttausend Eide. –

(Der Geheime Rat tritt herein, beide springen mit lautem Geschrei auf.)

SECHSTER AUFTRITT

Geheimer Rat. Fritz. Gustchen

GEHEIMER RAT. Was habt ihr, närrische Kinder? Was zittert ihr? – Gleich gesteht mir alles. Was habt ihr hier gemacht? Ihr seid beide auf den Knien gelegen. – Junker Fritz, ich bitte mir eine Antwort aus; unverzüglich: was habt ihr vorgehabt?

FRITZ. Ich, gnädigster Papa?

GEHEIMER RAT. Ich? und das mit einem so verwundrungsvollen Ton? Siehst du, ich merk alles. Du möchtest mir jetzt gern eine Lüge sagen, aber entweder bist du zu dumm dazu oder zu feig; und willst dir mit deinem Ich? heraushelfen ... Und Sie, Mühmchen? – Ich weiß, Gustchen verhehlt mir nichts.

GUSTCHEN *(fällt ihm um die Füße)*. Ach, mein Vater – –

GEHEIMER RAT *(hebt sie auf und küsst sie)*. Wünschst du mich zu deinem Vater? Zu früh, mein Kind, zu früh, Gustchen, mein Kind. Du hast noch nicht kommuniziert. – Denn warum soll ich euch verhehlen, dass ich euch zugehört habe. Das war ein sehr einfältig Stückchen von euch beiden; besonders von dir, großer vernünftiger Junker Fritz, der bald einen Bart haben wird wie ich und eine Perücke aufsetzen und einen Degen anstecken. Pfui, ich glaubt' einen vernünftgern Sohn zu haben. Das macht dich gleich ein Jahr jünger und macht, dass du länger auf der Schule bleiben musst. Und Sie, Gustchen, auch Ihnen muss ich sagen, dass es sich für Ihr Alter gar nicht mehr schickt, so kindisch zu tun. Was sind das für Romane, die Sie da spielen? Was für Eide, die Sie sich da schwören und die ihr doch alle beide so gewiss brechen werdet, als ich jetzt mit euch rede. Meint ihr, ihr seid in den Jahren, Eide zu tun, oder meint ihr, ein Eid sei ein Kinderspiel, wie es das Versteckspiel oder die Blindekuh ist? Lernt erst einsehen, was ein Eid ist; lernt erst zittern davor, und alsdann wagt's, ihn zu schwören. Wisst, dass ein Meineidiger die schändlichste und unglücklichste Kreatur ist, die von der Sonne angeschienen wird. Ein solcher darf weder den Himmel ansehen, den er verleugnet hat, noch andere Menschen, die sich unaufhörlich vor ihm scheuen und seiner Gesellschaft mit mehr Sorgfalt ausweichen als einer Schlange oder einem tückischen Hunde.

FRITZ. Aber ich denke meinen Eid zu halten.

GEHEIMER RAT. In der Tat, Romeo? Ha! Du kannst dich auch erstechen, wenn's dazu kommt. Du hast geschworen, dass mir die Haare zu Berg standen. Also gedenkst du deinen Eid zu halten?

FRITZ. Ja, Papa, bei Gott! ich denk ihn zu halten.

GEHEIMER RAT. Schwur mit Schwur bekräftigt! – Ich werd es deinem Rektor beibringen. Er soll Euch auf vierzehn Tage nach Sekunda heruntertransportieren, Junker, inskünftige lernt behutsamer schwören. Und worauf? Steht das in deiner Gewalt, was du da versicherst? Du willst Gustchen heiraten! Denk doch! Weißt du auch schon, was für ein Ding das ist, heiraten! Geh doch, heirate sie, nimm sie mit auf die Akademie. Nicht? Ich habe nichts dawider, dass ihr euch gern seht, dass ihr euch lieb habt, dass ihr's euch sagt, wie lieb ihr euch habt; aber Narrheiten müsst ihr nicht machen, keine Affen von uns Alten sein, eh ihr so reif seid als wir; keine Romane spielen wollen, die nur in der ausschweifenden Einbildungskraft eines hungrigen Poeten ausgeheckt sind und von denen ihr in der heutigen Welt keinen Schatten der Wirklichkeit antrefft. Geht! ich werde keinem Menschen was davon sagen, damit ihr nicht nötig habt, rot zu werden, wenn ihr mich seht. – Aber von nun an sollt ihr einander nie mehr ohne Zeugen sehen. Versteht ihr mich? Und euch nie andere Briefe schreiben als offene, und das auch alle Monate oder höchstens alle drei Wochen einmal; und sobald ein heimliches Briefchen an Junker Fritz oder Fräulein Gustchen entdeckt wird – so steckt man den Junker unter die Soldaten und das Fräulein ins Kloster, bis sie vernünftiger werden. Versteht ihr mich? – Jetzt – nehmt Abschied, hier in meiner Gegenwart. – Die Kutsche ist angespannt, der Major treibt fort; die Schwägerin hat schon Kaffee getrunken. – Nehmt Abschied – ihr braucht euch vor mir nicht zu scheuen. Geschwind, umarmt euch. *(Fritz und Gustchen umarmen sich zitternd.)* Und nun, meine Tochter Gustchen, weil du doch das Wort so gern hörst *(hebt sie auf und küsst sie)*, leb tausendmal wohl und begegne deiner Mutter mit Ehrfurcht; sie mag dir sagen, was sie will. – Jetzt geh, mach! – *(Gustchen geht einige Schritte, sieht sich um, Fritz fliegt ihr weinend um den Hals.)* Die beiden Narren brechen mir das Herz! Wenn doch der Major vernünftiger werden wollte oder seine Frau weniger herrschsüchtig!

ZWEITER AUFZUG

ERSTER AUFTRITT

Pastor Läuffer. Der Geheime Rat

GEHEIMER RAT. Ich bedaure ihn – und Sie noch viel mehr, Herr Pastor, dass Sie solchen Sohn haben.

PASTOR. Verzeihen Euer Gnaden, ich kann mich über meinen Sohn nicht beschweren; er ist ein sittsamer und geschickter Mensch, die ganze Welt und Dero Herr Bruder und Frau Schwägerin selbst werden ihm das eingestehen müssen.

GEHEIMER RAT. Ich sprech ihm das all nicht ab, aber er ist ein Tor und hat all sein Missvergnügen sich selber zu danken. Er sollte den Sternen danken, dass meinem Bruder das Geld, das er für den Hofmeister zahlt, einmal anfängt zu lieb zu werden.

PASTOR. Aber bedenken Sie doch: nichts mehr als hundert Dukaten, hundert arme Dukätchen; und dreihundert hatt' er ihm doch im ersten Jahr versprochen, aber beim Schluss desselben nur hundertundvierzig ausgezahlt; jetzt, beim Beschluss des zweiten, da doch die Arbeit meines Sohnes immer zunimmt, zahlt' er ihm hundert, und nun, beim Anfang des dritten, wird ihm auch das zu viel. – Das ist wider alle Billigkeit! Verzeihen Sie mir.

GEHEIMER RAT. Lass es doch. – Das hätt ich euch Leuten voraussagen wollen, und doch sollt Ihr Sohn Gott danken, wenn ihn nur der Major beim Kopf nähm und aus dem Hause würfe. Was soll er da, sagen Sie mir, Herr? Wollen Sie ein Vater für Ihr Kind sein und schließen so Augen, Mund und Ohren für seine ganze Glückseligkeit zu? Tagdieben und sich Geld dafür bezahlen lassen? Die edelsten Stunden des Tages bei einem jungen Herrn versitzen, der nichts lernen mag und mit dem er's doch nicht verderben darf, und die übrigen Stunden, die der Erhaltung seines Lebens, den Speisen und dem Schlaf geheiligt sind, an einer Sklavenkette verseufzen; an den Winken der gnädigen Frau hängen und sich in die Falten des gnädigen Herrn hineinstudieren; essen, wenn er satt ist, und fasten, wenn er hungrig ist, Punsch trinken, wenn er p-ss-n möchte, und Karten spielen, wenn er das Laufen hat? Ohne Freiheit geht das Leben bergab rückwärts, Freiheit ist das Element des Menschen wie das Wasser des Fisches, und ein Mensch, der sich der Freiheit begibt, vergiftet die edelsten Geister seines Blutes, erstickt seine süßesten Freuden des Lebens in der Blüte und ermordet sich selbst.

PASTOR. Aber – Oh! erlauben Sie mir; das muss sich ja jeder Hofmeister gefallen lassen; man kann nicht immer seinen Willen haben, und das lässt sich mein Sohn auch gerne gefallen, nur –

GEHEIMER RAT. Desto schlimmer, wenn er sich's gefallen lässt, desto schlimmer; er hat den Vorrechten eines Menschen entsagt, der nach seinen Grundsätzen muss leben können, sonst bleibt er kein Mensch. Mögen die Elenden, die ihre Ideen nicht zu höherer Glückseligkeit zu erheben wissen, als zu essen und zu trinken, mögen die sich im Käfig zu Tode füttern lassen, aber ein Gelehrter, ein Mensch, der den Adel seiner Seele fühlt, der den Tod nicht so scheuen sollt als eine Handlung, die wider seine Grundsätze läuft …

PASTOR. Aber was ist zu machen in der Welt? Was wollte mein Sohn anfangen, wenn Dero Herr Bruder ihm die Kondition aufsagten?

GEHEIMER RAT. Lasst den Burschen was lernen, dass er dem Staat nützen kann. Potzhundert, Herr Pastor, Sie haben ihn doch nicht zum Bedienten aufgezogen, und was ist er anders als Bedienter, wenn er seine Freiheit einer Privatperson für einige Hand voll Dukaten verkauft? Sklav ist er, über den die Herrschaft unumschränkte Gewalt hat, nur dass er so viel auf der Akademie gelernt haben muss, ihren unbesonnenen Anmutungen von weitem zuvorzukommen, und so einen Firnis über seine Dienstbarkeit zu streichen: das heißt dann ein feiner artiger Mensch, ein unvergleichlicher Mensch; ein unvergleichlicher Schurke, der, statt seine Kräfte und seinen Verstand dem allgemeinen Besten aufzuopfern, damit die Rasereien einer dampfigten Dame und eines abgedämpften Offiziers unterstützt, die dann täglich weiter um sich fressen wie ein Krebsschaden und zuletzt unheilbar werden. Und was ist der ganze Gewinst am Ende? Alle Mittag Braten und alle Abend Punsch und eine große Portion Galle, die ihm tagsüber ins Maul gestiegen, abends, wenn er zu Bett liegt, hinabgeschluckt wie Pillen; das macht gesundes Blut, auf meine Ehr! und muss auch ein vortreffliches Herz auf die Länge geben. Ihr beklagt euch so viel übern Adel und über seinen Stolz, die Leute säh'n Hofmeister wie Domestiken an. Narren! was sind sie denn anders? Stehen sie nicht in Lohn und Brot bei ihnen wie jene? Aber wer heißt euch ihren Stolz nähren? Wer heißt euch Domestiken werden, wenn ihr was gelernt habt, und einem starrköpfigen Edelmann zinsbar werden, der sein Tage von seinen

Hausgenossen nichts anders gewohnt war als sklavische Unterwürfigkeit?

PASTOR. Aber Herr Geheimer Rat – Gütiger Gott! es ist in der Welt nicht anders: Man muss eine Warte haben, von der man sich nach einem öffentlichen Amt umsehen kann, wenn man von den Universitäten kommt; wir müssen den göttlichen Ruf erst abwarten, und ein Patron ist sehr oft das Mittel zu unserer Beförderung; wenigstens ist es mir so gegangen.

GEHEIMER RAT. Schweigen Sie, Herr Pastor, ich bitte Sie, schweigen Sie. Das gereicht Ihnen nicht zur Ehre. Man weiß ja doch, dass Ihre selige Frau Ihr göttlicher Ruf war, sonst säßen Sie noch itzt beim Herrn von Tiesen und düngten ihm seinen Acker. Jemine! dass ihr Herrn uns doch immer einen so ehrwürdigen schwarzen Dunst vor Augen machen wollt. Noch nie hat ein Edelmann einen Hofmeister angenommen, wo er ihm nicht hinter eine Allee von acht, neun Sklavenjahren ein schön Gemälde von Beförderung gestellt hat, und wenn ihr acht Jahre gegangen waret, so macht' er's wie Laban und rückte das Bild um noch einmal so weit vorwärts. Possen! lernt etwas und seid brave Leute. Der Staat wird euch nicht lange am Markt stehen lassen. Brave Leute sind allenthalben zu brauchen, aber Schurken, die den Namen von Gelehrten nur auf dem Zettel tragen, und im Kopf ist leer Papier …

PASTOR. Das ist sehr allgemein gesprochen, Herr Rat! – Es müssen doch, bei Gott! auch Hauslehrer in der Welt sein; nicht jedermann kann gleich Geheimer Rat werden, und wenn er auch gleich ein Hugo Grotius wäre. Es gehören heutigentags andere Sachen dazu als Gelehrsamkeit. –

GEHEIMER RAT. Sie werden warm, Herr Pastor! – Lieber, werter Herr Pastor, lassen Sie uns den Faden unseres Streites nicht verlieren. Ich behaupt: Es müssen keine Hauslehrer in der Welt sein! das Geschmeiß taugt den Teufel zu nichts.

PASTOR. Ich bin nicht hergekommen, mir Grobheiten sagen zu lassen: Ich bin auch Hauslehrer gewesen. Ich habe die Ehre –

GEHEIMER RAT. Warten Sie; bleiben Sie, lieber Herr Pastor! Behüte mich der Himmel! Ich habe Sie nicht beleidigen wollen, und wenn's wider meinen Willen geschehen ist, so bitt ich Sie tausendmal um Verzeihung. Es ist einmal meine üble Gewohnheit, dass ich gleich in Feuer gerate, wenn mir ein Gespräch interessant wird; alles Übrige verschwindet mir dann aus dem Gesicht, und ich sehe nur den Gegenstand, von dem ich spreche.

PASTOR. Sie schütten – verzeihen Sie mir, ich bin auch ein Cholerikus und rede gern von der Lunge ab – Sie schütten das Kind mit dem Bade aus. Hauslehrer taugen zu nichts! Wie können Sie mir das beweisen? Wer soll euch jungen Herrn denn Verstand und gute Sitten beibringen? Was wäre aus Ihnen geworden, mein werter Herr Geheimer Rat, wenn Sie keinen Hauslehrer gehabt hätten?

GEHEIMER RAT. Ich bin von meinem Vater zur öffentlichen Schule gehalten worden und segne seine Asche dafür, und so, hoff ich, wird mein Sohn Fritz auch dereinst tun.

PASTOR. Ja – da ist aber noch viel drüber zu sagen, Herr! Ich meinerseits bin Ihrer Meinung nicht; ja, wenn die öffentlichen Schulen das wären, was sie sein sollten. – Aber die nüchternen Subjecta, so oft den Klassen vorstehen; die pedantischen Methoden, die sie brauchen; die unter der Jugend eingerissenen verderbten Sitten. –

GEHEIMER RAT. Wes ist die Schuld? Wer ist schuld dran als ihr Schurken von Hauslehrern? Würde der Edelmann nicht von euch in der Grille gestärkt, einen kleinen Hof anzulegen, wo er als Monarch oben auf dem Thron sitzt und ihm Hofmeister und Mamsell und ein ganzer Wisch von Tagedieben huldigen, so würd er seine Jungen in die öffentliche Schule tun müssen; er würde das Geld, von dem er jetzt seinen Sohn zum hochadligen Dummkopf aufzieht, zum Fonds der Schule schlagen: Davon könnten dann gescheite Leute salariert werden, und alles würde seinen guten Gang gehen; das Studentchen müsste was lernen, um bei einer solchen Anstalt brauchbar zu werden, und das junge Herrchen, anstatt seine Faulenzerei vor den Augen des Papas und der Tanten, die alle keine Argusse sind, künstlich und manierlich zu verstecken, würde seinen Kopf anstrengen müssen, um es den bürgerlichen Jungen zuvorzutun, wenn es sich doch von ihnen unterscheiden will. – Was die Sitten anbetrifft, das findet sich wahrhaftig. – Wenn er gleich nicht, wie seine hochadligen Vettern, die Nase von Kindesbeinen höher tragen lernt als andere und in einem nachlässigen Ton, von oben herab, Unsinn sagen und Leuten ins Gesicht sehen, wenn sie den Hut vor ihm abziehen, um ihnen dadurch anzudeuten, dass sie auf kein Gegenkompliment warten sollen. Die feinen Sitten hol der Teufel! Man kann dem Jungen Tanzmeister auf der Stube halten und ihn in artige Gesellschaft führen, aber er muss durchaus nicht aus der Sphäre seiner Schulkameraden herausgehoben und in der Meinung gestärkt werden, er sei eine bessere Kreatur als andere.

PASTOR. Ich habe nicht Zeit *(zieht die Uhr heraus)*, mich in den Disput weiter mit Ihnen einzulassen, gnädiger Herr; aber so viel weiß ich, dass der Adel überall nicht Ihrer Meinung sein wird.

GEHEIMER RAT. So sollten die Bürger meiner Meinung sein. – Die Not würde den Adel schon auf andere Gedanken bringen, und wir könnten uns bessere Zeiten versprechen. Sapperment, was kann aus unserm Adel werden, wenn ein einziger Mensch das Faktotum bei dem Kinde sein soll, ich setz auch den unmöglichen Fall, dass er ein Polyhistor wäre, wo will der eine Mann Feuer und Mut und Tätigkeit hernehmen, wenn er alle seine Kräfte auf einen Schafskopf konzentrieren soll, besonders wenn Vater und Mutter sich kreuz und die quer immer mit in die Erziehung mengen und dem Fass, in welches er füllt, den Boden immer wieder ausschlagen?

PASTOR. Ich bin um zehn Uhr zu einem Kranken bestellt. Sie werden mir verzeihen. – *(Im Abgehen wendet er sich um.)* Aber wär's nicht möglich, gnädiger Herr, dass Sie Ihren zweiten Sohn nur auf ein halb Jährchen zum Herrn Major in die Kost täten? Mein Sohn will gern mit achtzig Dukaten zufrieden sein, aber mit sechzigen, die ihm der Herr Bruder geben wollen, da kann er nicht von subsistieren.

GEHEIMER RAT. Lass ihn quittieren. – Ich tue es nicht, Herr Pastor! Davon bin ich nicht abzubringen. Ich will Ihrem Herrn Sohn die dreißig Dukaten lieber schenken; aber meinen Sohn gebe ich zu keinem Hofmeister. *(Der Pastor hält ihm einen Brief hin.)* Was soll ich damit? Es ist alles umsonst, sag ich Ihnen.

PASTOR. Lesen Sie – lesen Sie nur.

GEHEIMER RAT. Je nun, Ihm ist nicht – *(liest)* „… wenden Sie doch alles an, den Herrn Geheimen Rat dahin zu vermögen. – Sie können sich nicht vorstellen, wie elend es mir hier geht; nichts wird mir gehalten, was mir ist versprochen worden. Ich speise nur mit der Herrschaft, wenn keine Fremde da sind – das Ärgste ist, dass ich gar nicht von hier komme und in einem ganzen Jahr meinen Fuß nicht aus Heidelbrunn habe setzen können – man hatte mir ein Pferd versprochen, alle Vierteljahr einmal nach Königsberg zu reisen; als ich es forderte, fragte mich die gnädige Frau, ob ich nicht lieber zum Karneval nach Venedig wollte." – *(Wirft den Brief an die Erde.)* He, nun, lass ihn quittieren; warum ist er ein Narr und bleibt da?

PASTOR. Ja, das ist eben die Sache. *(Hebt den Brief auf.)* Belieben Sie doch nur auszulesen.

GEHEIMER RAT. Was ist da zu lesen? *(Liest.)* „Dem ohngeachtet kann ich dies Haus nicht verlassen, und sollt es mich Leben und Gesundheit kosten. So viel darf ich Ihnen sagen, dass die Aussichten in eine selige Zukunft mir alle die Mühseligkeiten meines gegenwärtigen Standes" – Ja, das sind vielleicht Aussichten in die selige Ewigkeit, sonst weiß ich keine Aussichten, die mein Bruder ihm eröffnen könnte. Er betrügt sich, glauben Sie mir's; schreiben Sie ihm zurück, dass er ein Tor ist. Dreißig Dukaten will ich ihm dies Jahr aus meinem Beutel Zulage geben, aber ihn auch zugleich gebeten haben, mich mit allen ferneren Anwerbungen um meinen Karl zu verschonen; denn ihm zu Gefallen werd ich mein Kind nicht verwahrlosen.

ZWEITER AUFTRITT

In Heidelbrunn

Gustchen. Läuffer

GUSTCHEN. Was fehlt Ihnen dann?

LÄUFFER. Wie steht's mit meinem Porträt? Nicht wahr, Sie haben nicht dran gedacht? Wenn ich auch so saumselig gewesen wäre – Hätt ich das gewusst, ich hätt Ihren Brief so lange zurückgehalten, aber ich war ein Narr.

GUSTCHEN. Ha ha ha! Lieber Herr Hofmeister! Ich habe wahrhaftig noch nicht Zeit gehabt.

LÄUFFER. Grausame!

GUSTCHEN. Aber was fehlt Ihnen denn? Sagen Sie mir doch! So tiefsinnig sind Sie ja noch nie gewesen. Die Augen stehen Ihnen ja immer voll Wasser; ich habe gemerkt, Sie essen nichts.

LÄUFFER. Haben Sie? In der Tat? Sie sind ein rechtes Muster des Mitleidens.

GUSTCHEN. O Herr Hofmeister – –

LÄUFFER. Wollen Sie heut Nachmittag Zeichenstunde halten?

GUSTCHEN *(fasst ihn an der Hand)*. Liebster Herr Hofmeister! verzeihen Sie, dass ich Sie gestern aussetzte. Es war mir unmöglich zu zeichnen; ich hatte den Schnupfen auf eine erstaunende Art.

LÄUFFER. So werden Sie ihn wohl heute noch haben. Ich denke, wir hören ganz auf zu zeichnen. Es macht Ihnen kein Vergnügen länger.

GUSTCHEN *(halb weinend)*. Wie können Sie das sagen, Herr Läuffer? Es ist das Einzige, was ich mit Lust tue.

LÄUFFER. Oder Sie versparen es bis auf den Winter in die Stadt und nehmen einen Zeichenmeister. Überhaupt werde ich Ihren Herrn Vater bitten, den Gegenstand Ihres Abscheus, Ihres Hasses, Ihrer ganzen Grausamkeit von Ihnen zu entfernen. Ich sehe doch, dass es Ihnen auf die Länge unausstehlich wird, von mir Unterricht anzunehmen.

GUSTCHEN. Herr Läuffer –

LÄUFFER. Lassen Sie mich – Ich muss sehen, wie ich das elende Leben zu Ende bringe, weil mir doch der Tod verboten ist.

GUSTCHEN. Herr Läuffer –

LÄUFFER. Sie foltern mich. – *(Reißt sich los und geht ab.)*

GUSTCHEN. Wie dauert er mich!

DRITTER AUFTRITT

Zu Halle in Sachsen

Pätus' Zimmer

Fritz von Berg. Pätus, im Schlafrock an einem Tisch sitzend

PÄTUS. Ei was, Berg! Du bist ja kein Kind mehr, dass du nach Papa und Mama – Pfui Teufel! ich hab dich allezeit für einen braven Kerl gehalten; wenn du nicht mein Schulkamerad wärst, ich würde mich schämen, mit dir umzugehen.

FRITZ. Pätus, auf meine Ehr, es ist nicht Heimweh; du machst mich bis über die Ohren rot mit deinem dummen Verdacht. Ich möchte gern Nachricht von Hause haben, das gesteh ich, aber das hat seine Ursachen – –

PÄTUS. Gustchen – Nicht wahr? Denk doch, du arme Seele! Hundertachtzig Stunden von ihr entfernt – Was für Wälder und Ströme liegen nicht zwischen euch? Aber warte, wir haben hier auch Mädchen; wenn ich nur besser besponnen wäre, ich wollte dich heut in eine Gesellschaft führen – Ich weiß nicht, wie du auch bist; ein Jahr in Halle und noch mit keinem Mädchen gesprochen; das muss melancholisch machen; es kann nicht anders sein. Warte, du musst mir hier einziehen, dass du lustig wirst. Was machst du da bei dem Pfarrer? Das ist keine Stube für dich –

FRITZ. Was zahlst du hier?

PÄTUS. Ich zahle – Wahrhaftig, Bruder, ich weiß es nicht. Es ist ein guter, ehrlicher Philister, bei dem ich wohne; seine Frau ist freilich bisweilen ein bisschen wunderlich, aber mag's. Was geht's mich an? Wir zanken uns einmal herum, und dann lass ich sie laufen, und die schreiben mir alles auf, Hausmiete, Kaffee, Tabak, alles, was ich verlange; und dann zahl ich die Rechnung alle Jahre, wenn mein Wechsel kommt.

FRITZ. Bist du jetzt viel schuldig?

PÄTUS. Ich habe die vorige Woche bezahlt. Das ist wahr, diesmal haben sie mir's arg gemacht: Mein ganzer Wechsel hat herhalten müssen bis auf den letzten Pfennig, und mein Rock, den ich tags vorher versetzt hatte, weil ich in der äußersten Not war, steht noch zu Gevattern. Weiß der Himmel, wenn ich ihn wieder einlösen kann.

FRITZ. Und wie machst du's denn itzt?

PÄTUS. Ich? – Ich bin krank. Heut Morgen hat mich die Frau Rätin Hamster invitieren lassen, gleich kroch ich ins Bett …

FRITZ. Aber bei dem schönen Wetter immer zu Hause zu sitzen.

PÄTUS. Was macht das? Des Abends geh ich im Schlafrock spazieren, es ist ohnedem in den Hundstagen am Tage nicht auszuhalten – Aber potz Mordio! Wo bleibt denn mein Kaffee? *(Pocht mit dem Fuß.)* Frau Blitzer! – Nun sollst du sehen, wie ich mit meinen Leuten umspringe – Frau Blitzer! In aller Welt, Frau Blitzer! *(Klingelt und pocht.)* – Ich habe sie kürzlich bezahlt: Nun kann ich schon breiter tun – Frau …

(Frau Blitzer tritt herein mit einer Portion Kaffee.)

PÄTUS. In aller Welt, Mutter! wo bleibst du denn? Das Wetter soll dich regieren. Ich warte hier schon über eine Stunde –

FRAU BLITZER. Was? Du nichtsnutziger Kerl, was lärmst du? Bist du schon wieder nichtsnutzig, abgeschabte Laus? Den Augenblick trag ich meinen Kaffee wieder herunter –

PÄTUS *(gießt sich ein)*. Nun, nun, nicht so böse, Mutter! Aber Zwieback – Wo ist denn Zwieback?

FRAU BLITZER. Ja, kleine Steine dir! Es ist kein Zwieback im Hause. Denk doch, ob so ein kahler lausichter Kerl nun alle Nachmittag Zwieback frisst oder nicht –

PÄTUS. Was tausend alle Welt! *(Stampft mit dem Fuß.)* Sie weiß, dass ich keinen Kaffee ohne Zwieback ins Maul nehme – Wofür gebe ich denn mein Geld aus –

FRAU BLITZER *(langt ihm Zwieback aus der Schürze, wobei sie ihn an den Haaren zupft)*. Da siehst du, da ist Zwieback, Posaunenkerl! Er hat eine Stimme wie ein ganzes Regiment Soldaten. Nu, ist der Kaffee gut? Ist er nicht? Gleich sag mir's, oder ich reiß Ihm das letzte Haar aus Seinem kahlen Kopf heraus.

PÄTUS *(trinkt)*. Unvergleichlich – Aye! Ich habe in meinem Leben keinen bessern getrunken.

FRAU BLITZER. Siehst du, Hundejunge! Wenn du die Mutter

nicht hättest, die sich deiner annähme und dir zu essen und zu trinken gäbe, du müsstest an der Straße verhungern. Sehen Sie ihn einmal an, Herr von Berg, wie er dahergeht, keinen Rock auf dem Leibe, und sein Schlafrock ist auch, als ob er darin wär aufgehängt worden und wieder vom Galgen gefallen. Sie sind doch ein hübscher Herr, ich weiß nicht, wie Sie mit dem Menschen umgehen können, nun freilich, unter Landsleuten da ist immer so eine kleine Blutsverwandtschaft, drum sag ich immer, wenn doch der Herr von Berg zu mir einlogieren täte. Ich weiß, dass Sie viel Gewalt über ihn haben: Da könnte doch noch was Ordentliches aus ihm werden, aber sonst wahrhaftig – *(Geht ab.)*

PÄTUS. Siehst du, ist das nicht ein gut fidel Weib? Ich seh ihr all etwas durch die Finger, aber potz, wenn ich auch einmal ernsthaft werde, kusch ist sie wie die Wand – Willst du nicht eine Tasse mittrinken? *(Gießt ihm ein.)* Siehst du, ich bin hier wohl bedient; ich zahle was Rechts, das ist wahr, aber dafür hab ich auch was …

FRITZ *(trinkt)*. Der Kaffee schmeckt nach Gerste.

PÄTUS. Was sagst du? – *(Schmeckt gleichfalls.)* Ja, wahrhaftig, mit dem Zwieback hab ich's nicht so – *(Sieht in die Kanne.)* Nun so hol dich! *(Wirft das Kaffeezeug zum Fenster hinaus.)* Gerstenkaffee und fünfhundert Gulden jährlich! –

FRAU BLITZER *(stürzt herein)*. Wie? Was zum Teufel, was ist das? Herr, ist Er rasend oder plagt Ihn gar der Teufel? –

PÄTUS. Still, Mutter!

FRAU BLITZER *(mit grässlichem Geschrei)*. Aber wo ist mein Kaffeezeug? Ei! zum Henker! aus dem Fenster – ich kratz Ihm die Augen aus dem Kopf heraus.

PÄTUS. Es war eine Spinne darin, und ich warf's in der Angst – Was kann ich dafür, dass das Fenster offen stand?

FRAU BLITZER. Dass du verreckt wärst an der Spinne! Wenn ich dich mit Haut und Haar verkaufe, so kannst du mir mein Kaffeezeug nicht bezahlen, nichtswürdiger Hund! Nichts als Schaden und Unglück kann Er machen. Ich will dich verklagen; ich will dich in Karzer werfen lassen. *(Läuft heraus.)*

PÄTUS *(lachend)*. Was ist zu machen, Bruder! man muss sie schon ausrasen lassen.

FRITZ. Aber für dein Geld?

PÄTUS. Ei was! Wenn ich bis Weihnachten warten muss, wer wird mir sogleich bis dahin kreditieren? Und dann ist's ja nur ein Weib und ein närrisch Weib dazu, dem's nicht immer so von Herzen geht; wenn mir's der Mann gesagt hätte, das wär was anders, dem schlüg ich das Leder voll – Siehst du wohl?

FRITZ. Hast du Feder und Tinte?

PÄTUS. Dort auf dem Fenster –

FRITZ. Ich weiß nicht, das Herz ist mir so schwer – Ich habe nie was auf Ahndungen gehalten.

PÄTUS. Ja, mir auch – Die Döbblinsche Gesellschaft ist angekommen. Ich möchte gern in die Komödie gehen und habe keinen Rock anzuziehen. Der Schurke, mein Wirt, leiht mir keinen, und ich bin eine so große dicke Bestie, dass mir keiner von all euren Röcken passen würde.

FRITZ. Ich muss gleich nach Hause schreiben. *(Setzt sich an ein Fenster nieder und schreibt.)*

PÄTUS *(setzt sich einem Wolfspelz gegenüber, der an der Wand hängt)*. Hm! nichts als den Pelz gerettet von allen meinen Kleidern, die ich habe und die ich mir noch wollte machen lassen. Gerade den Pelz, den ich im Sommer nicht tragen kann und den mir nicht einmal der Jude zum Versatz annimmt, weil sich der Wurm leicht hineinsetzt. Hanke, Hanke! Das ist doch unverantwortlich, dass du mir keinen Rock auf Pump machen willst. *(Steht auf und geht herum.)* Was hab ich dir getan, Hanke, dass du just mir keinen Rock machen willst? Just mir, der ich ihn am nötigsten brauche, weil ich jetzo keinen habe, just mir! – Der Teufel muss dich besitzen, er macht Hinz und Kunz auf Kredit und just mir nicht! *(Fasst sich an den Kopf und stampft mit dem Fuß.)* Just mir nicht, just mir nicht!

BOLLWERK *(der sich mittlerweile hereingeschlichen und ihm zugehört, fasst ihn an: Er kehrt sich um und bleibt stumm vor Bollwerk stehen)*. Hahaha ... Nun, du armer Pätus – hahaha! Nicht wahr, es ist doch ein gottloser Hanke, dass er just dir nicht – Aber wo ist das rote Kleid mit Gold, das du bei ihm bestellt hast, und das blauseidne mit der silberstücknen Weste und das rotsammetne mit schwarz Sammet gefüttert, das wäre vortrefflich bei dieser Jahreszeit. Sage mir; antworte mir! Der verfluchte Hanke! Wollen wir gehen und ihm die Haut vollschlagen? Wo bleibt er so lange mit deiner Arbeit? Wollen wir?

PÄTUS *(wirft sich auf einen Stuhl)*. Lass mich zufrieden.

BOLLWERK. Aber hör, Pätus, Pätus, Pä-Pä-Pä-Pätus *(setzt sich zu ihm)*, Döbblin ist angekommen. Hör, Pä-Pä-Pä-Pä-Pätus, wie wollen wir das machen? Ich denke, du ziehst deinen Wolfspelz an und gehst heut Abend in die Komödie. Was schadet's, du bist doch fremd hier – und die ganze Welt weiß, dass du vier Paar Kleider bei Hanke bestellt hast. Ob er sie dir machen wird, ist gleichviel! – Der verfluchte Kerl! Wollen ihm die Fenster einschlagen, wenn er sie dir nicht macht!

PÄTUS *(heftig)*. Lass mich zufrieden, sag ich dir.

BOLLWERK. Aber hör ... aber ... aber ... hör, hör, hör, Pätus, nimm dich in Acht, Pätus! dass du mir des Nachts nicht mehr im Schlafrock auf der Gasse läufst. Ich weiß, dass du bange bist vor Hunden; es ist eben ausgetrommelt worden, dass zehn wütige Hunde in der Stadt herumlaufen sollen; sie haben schon einige Kinder gebissen: Zwei sind noch davongekommen, aber vier sind auf der Stelle gestorben. Das machen die Hundstage. Nicht wahr, Pätus? Es ist gut, dass du jetzt nicht ausgehen kannst. Nicht wahr, du gehst itzt mit allem Fleiß nicht aus? Nicht wahr, Pä-Pä-Pätus?

PÄTUS. Lass mich zufrieden ... oder wir verzürnen uns.

BOLLWERK. Du wirst doch kein Kind sein – Berg, kommen Sie mit in die Komödie?

FRITZ *(zerstreut)*. Was? – Was für Komödie?

BOLLWERK. Es ist eine Gesellschaft angekommen – Legen Sie die Schmieralien weg. Sie können ja auf den Abend schreiben. Man gibt heute „Minna von Barnhelm“.

FRITZ. Oh, die muss ich sehen. – *(Steckt seine Briefe zu sich.)* Armer Pätus, dass du keinen Rock hast. –

BOLLWERK. Ich lieh ihm gern einen, aber es ist – hol mich der Teufel, mein einziger, den ich auf dem Leibe habe –

(Gehen ab.)

PÄTUS *(allein)*. Geht zum Teufel mit eurem Mitleiden. Das ärgert mich mehr, als wenn man mir ins Gesicht schlüge – – Ei, was mach ich mir draus. *(Zieht seinen Schlafrock aus.)* Lass die Leute mich für wahnwitzig halten! „Minna von Barnhelm“ muss ich sehen, und wenn ich nackend hingehen sollte! *(Zieht den Wolfspelz an.)* Hanke, Hanke! es soll dir zu Hause kommen! *(Stampft mit dem Fuß.)* Es soll dir zu Hause kommen! *(Geht.)*

VIERTER AUFTRITT

Frau Hamster. Jungfer Hamster. Jungfer Knicks

JUNGFER KNICKS. Ich kann's Ihnen vor Lachen nicht erzählen, Frau Rätin, ich muss krank vor Lachen werden. Stellen Sie sich vor: Wir gehen mit Jungfer Hamster im Gässchen hier nah bei, so läuft uns ein Mensch im Wolfspelz vorbei, als ob er durch Spießruten gejagt würde; drei große Hunde hinter ihm drein. Jungfer Hamster bekam einen Schub, dass sie mit dem Kopf an die Mauer schlug und überlaut schreien musste.

FRAU HAMSTER. Wer war es denn?

JUNGFER KNICKS. Stellen Sie sich vor, als wir ihm nachsahen, war's Herr Pätus – Er muss rasend worden sein.

FRAU HAMSTER. Mit einem Wolfspelz in dieser Hitze!

JUNGFER HAMSTER *(hält sich den Kopf)*. Ich glaube noch immer, er ist aus dem hitzigen Fieber aufgesprungen. Er ließ uns heute Morgen sagen, er sei krank.

JUNGFER KNICKS. Und die drei Hunde hinter ihm drein, das war das Lustigste. Ich hatte mir vorgenommen, heut in die Komödie zu gehen; aber nun mag ich nicht, ich würde doch da nicht so viel zu lachen kriegen. Das vergess ich mein Lebtage nicht. Seine Haare flogen ihm nach wie der Schweif an einem Kometen, und je eifriger er lief, desto eifriger schlugen die Hunde an, und er hatte das Herz nicht, sich einmal umzusehen … Das war unvergleichlich!

FRAU HAMSTER. Schrie er nicht? Er wird gemeint haben, die Hunde seien wütig.

JUNGFER KNICKS. Ich glaub, er hatte keine Zeit zum Schreien, aber rot war er wie ein Krebs und hielt das Maul offen, wie die Hunde hinter ihm drein. – Oh, das war nicht mit Geld zu bezahlen! Ich gäbe nicht meine Schnur echter Perlen darum, dass ich das nicht gesehen.

FÜNFTER AUFTRITT

In Heidelbrunn

Augustchens Zimmer

Gustchen liegt auf dem Bette, Läuffer sitzt am Bette

LÄUFFER. Stell dir vor, Gustchen, der Geheime Rat will nicht. Du siehst, dass dein Vater mir das Leben immer saurer macht; nun will er mir gar aufs folgende Jahr nur vierzig Dukaten geben. Wie kann ich das aushalten? Ich muss quittieren.

GUSTCHEN. Grausamer, und was werd ich dann anfangen? *(Nachdem beide eine Zeit lang sich schweigend angesehen.)* Du siehst, ich bin schwach und krank; hier in der Einsamkeit unter einer barbarischen Mutter. – Niemand fragt nach mir, niemand bekümmert sich um mich; meine ganze Familie kann mich nicht mehr leiden; mein Vater selbst nicht mehr – ich weiß nicht warum.

LÄUFFER. Mach, dass du zu meinem Vater in die Lehre kommst, nach Insterburg.

GUSTCHEN. Da kriegen wir uns nie zu sehen. Mein Onkel leid't es nimmer, dass mein Vater mich zu deinem Vater ins Haus gibt.

LÄUFFER. Mit dem verfluchten Adelstolz!

GUSTCHEN *(nimmt seine Hand)*. Wenn du auch böse wirst, Hermannchen! *(Küsst sie.)* O Tod! Tod! warum erbarmst du dich nicht!

LÄUFFER. Rate mir selber – Dein Bruder ist der ungezogenste Junge, den ich kenne: neulich hat er mir eine Ohrfeige gegeben, und ich durft' ihm nichts dafür tun, durft' nicht einmal darüber klagen. Dein Vater hätt ihm gleich Arm und Bein gebrochen und die gnädige Mama alle Schuld zuletzt auf mich geschoben.

GUSTCHEN. Aber um meinetwillen – Ich dachte, du liebtest mich.

LÄUFFER *(stützt sich mit der andern Hand auf ihr Bett, indem sie fortfährt, seine eine Hand von Zeit zu Zeit an die Lippen zu bringen)*. Lass mich denken ... *(Bleibt nachsinnend sitzen.)*

GUSTCHEN *(in der beschriebenen Pantomime)*. O Romeo! Wenn dies deine Hand wäre. – Aber so verlässest du mich, unedler Romeo! Siehst nicht, dass deine Julie für dich stirbt – von der ganzen Welt, von ihrer ganzen Familie gehasst, verachtet, ausgespien. *(Drückt seine Hand an ihre Augen.)* O unmenschlicher Romeo!

LÄUFFER *(sieht auf)*. Was schwärmst du wieder?

GUSTCHEN. Es ist ein Monolog aus einem Trauerspiel, den ich gern rezitiere, wenn ich Sorgen habe. *(Läuffer fällt wieder in Gedanken, nach einer Weile fängt sie wieder an.)* Vielleicht bist du nicht ganz strafbar. Deines Vaters Verbot, Briefe mit mir zu wechseln, aber die Liebe setzt über Meere und Ströme, über Verbot und Todesgefahr selbst – Du hast mich vergessen ... Vielleicht besorgtest du für mich – Ja, ja, dein zärtliches Herz sah, was mir drohte, für schrecklicher an als das, was ich leide. *(Küsst Läuffers Hand inbrünstig.)* O göttlicher Romeo!

LÄUFFER *(küsst ihre Hand lange wieder und sieht sie eine Weile stumm an)*. Es könnte mir gehen wie Abaelard –

GUSTCHEN *(richtet sich auf)*. Du irrst dich – Meine Krankheit liegt im Gemüt – Niemand wird dich mutmaßen – *(Fällt wieder hin.)* Hast du die „Neue Heloïse" gelesen?

LÄUFFER. Ich höre was auf dem Gang nach der Schulstube. –

GUSTCHEN. Meines Vaters – Um Gottes willen! – Du bist drei Viertelstunden zu lange hier geblieben. *(Läuffer läuft fort.)*

SECHSTER AUFTRITT

Die Majorin. Graf Wermuth

GRAF. Aber gnädige Frau! kriegt man denn Fräulein Gustchen gar nicht mehr zu sehen? Wie befindet sie sich auf die vorgestrige Jagd?

MAJORIN. Zu Ihrem Befehl; sie hat die Nacht Zahnschmerzen gehabt, darum darf sie sich heut nicht sehen lassen. Was macht Ihr Magen, Graf! auf die Austern?

GRAF. Oh, das bin ich gewohnt. Ich habe neulich mit meinem Bruder ganz allein auf unsre Hand sechshundert Stück aufgegessen und zwanzig Bouteillen Champagner dabei ausgetrunken.

MAJORIN. Rheinwein wollten Sie sagen.

GRAF. Champagner – Es war eine Idee und ist uns beiden recht gut bekommen. Denselben Abend war Ball in Königsberg; mein Bruder hat bis an den andern Mittag getanzt und ich Geld verloren.

MAJORIN. Wollen wir ein Piquet machen?

GRAF. Wenn Fräulein Gustchen käme, macht ich ein paar Touren im Garten mit ihr. Ihnen, gnädige Frau, darf ich's nicht zumuten, mit Ihrer Fontanelle am Fuß.

MAJORIN. Ich weiß auch nicht, wo der Major immer steckt. Er ist in seinem Leben so rasend nicht auf die Ökonomie gewesen; den ganzen ausgeschlagenen Tag auf dem Feld, und wenn er nach Hause kommt, sitzt er stumm wie ein Stock. Glauben Sie, dass ich anfange, mir Gedanken darüber zu machen.

GRAF. Er scheint melancholisch.

MAJORIN. Weiß es der Himmel – Neulich hatt' er wieder einmal den Einfall, bei mir zu schlafen, und da ist er mitten in der Nacht aus dem Bett aufgesprungen und hat sich – He, he, ich sollt's Ihnen nicht erzählen, aber Sie kennen ja die lächerliche Seite von meinem Mann schon.

GRAF. Und hat sich …

MAJORIN. Auf die Knie niedergeworfen und an die Brust geschlagen und geschluchzt und geheult, dass mir zu grauen anfing. Ich habe ihn aber nicht fragen mögen; was gehen mich seine Narrheiten an? Mag er Pietist oder Quäker werden. Meinethalben! Er wird dadurch weder hässlicher noch liebenswürdiger in meinen Augen werden, als er ist. *(Sieht den Grafen schalkhaft an.)*

GRAF *(fasst sie ans Kinn)*. Boshafte Frau! – Aber wo ist Gustchen? Ich möchte gar zu gern mit ihr spazieren gehn.

MAJORIN. Still, da kommt ja der Major ... Sie können mit ihm gehen, Graf.

GRAF. Denk doch – Ich will nun aber mit Ihrer Tochter gehen.

MAJORIN. Sie wird noch nicht angezogen sein: es ist was Unausstehliches, wie faul das Mädchen ist – *(Major von Berg kommt im Nachtwämschen, einen Strohhut auf.)* Nun, wie steht's, Mann? Wo treiben Sie sich denn wieder herum? Man kriegt Sie ja den ganzen Tag nicht zu sehen. Sehen Sie ihn nur an, Herr Graf; sieht er doch wie der Heautontimorumenos in meiner großen Madame Dacier abgemalt – Ich glaube, du hast gepflügt, Herr Major? Wir sind itzt in den Hundstagen.

GRAF. In der Tat, Herr Major, Sie haben noch nie so übel ausgesehen, blass, hager, Sie müssen etwas haben, das Ihnen auf dem Gemüt liegt, was bedeuten die Tränen in Ihren Augen, sobald man Sie aufmerksam ansieht? Ich kenne Sie doch zehn Jahre schon und habe Sie nie so gesehen, selbst da nicht, als Ihr Bruder starb.

MAJORIN. Geiz, nichts als der leidige Geiz, er meint, wir werden verhungern, wenn er nicht täglich wie ein Maulwurf auf dem Felde wühlt. Bald gräbt er, bald pflügt er, bald eggt er. Du willst doch nicht Bauer werden? Du musst mir vorher einen andern Mann geben, der die Aufsicht über dich führt.

MAJOR. Ich muss wohl schaffen und scharren, meiner Tochter einen Platz im Hospital auszumachen.

MAJORIN. Was sind das nun wieder für Phantasien! – Ich muss wahrhaftig den Doktor Würz noch aus Königsberg holen lassen.

MAJOR. Du siehst nimmer nichts, vornehme Frau! dass dein Kind von Tag zu Tag abfällt, dass sie Schönheit, Gesundheit und den ganzen Plunder verliert und dahergeht, als ob sie, hol mich der Teufel – Gott verzeih mir meine schwere Sünde –, als ob der arme Lazarus sie gemacht hätte – Es frisst mir die Leber ab. –

MAJORIN. Hören Sie ihn nur! Wie er mich anfährt! Bin ich schuld daran? Bist du denn wahnwitzig?

MAJOR. Ja, freilich bist du schuld daran, oder was ist sonst schuld daran? Ich kann's, zerschlag mich der Donner! nicht begreifen. Ich dacht' immer, ihr eine der ersten Partien im Reich auszumachen; denn sie hat auf der ganzen Welt an Schönheit nicht ihresgleichen gehabt, und nun sieht sie aus wie eine Kühmagd – Ja, freilich bist du schuld daran mit deiner Strenge und deinen Grausamkeiten und deinem Neid, das hat sie sich zu Gemüt gezogen, und das ist ihr nun zum Gesicht herausgeschlagen, aber das ist deine Freude, gnädige Frau, denn du bist lang schalu über sie gewesen. Das kannst du doch nicht leugnen? Solltst dich in dein Herz schämen, wahrhaftig! *(Geht ab.)*

MAJORIN. Aber ... aber was sagen Sie dazu, Herr Graf! Haben Sie in Ihrem Leben eine ärgere Kollektion von Sottisen gesehen?

GRAF. Kommen Sie; wir wollen Piquet spielen, bis Fräulein Gustchen angezogen ist ...

SIEBENTER AUFTRITT

In Halle

Fritz von Berg im Gefängnis. Bollwerk, Herr von Seiffenblase und sein Hofmeister stehen um ihn. Später Pätus

BOLLWERK. Wenn ich doch den Jungen hier hätte, das Fell zög ich ihm über die Ohren. Es ist mit alledem doch infam gehandelt, einen ehrlichen Jungen wie Berg in Karzer zu bringen, da sich keiner sein hat annehmen wollen. Denn das ist ja wahr, kein einziger Landsmann hat den Fuß vor die Tür seinethalben gesetzt. Wenn Berg nicht gut für ihn gesagt hätte, wär er im Gefängnis verfault. Und in vierzehn Tagen soll das Geld hier sein, und wo er den Berg in Verlegenheit lässt, so soll man ihn für einen ausgemachten Schurken halten. O du verdammter Pä-Pä-Pä-Pä-Pätus! Wart, du verhenkerter Pätus, wart einmal! –

HOFMEISTER. Ich kann Ihnen nicht genug beschreiben, lieber Herr von Berg, wie leid es mir besonders um Ihres Herrn Vaters und der Familie willen tut, Sie in einem solchen Zustande zu sehen und noch dazu ohne Ihre Schuld, aus bloßer jugendlicher Unbesonnenheit. Es hat schon einer von den sieben Weisen Griechenlands gesagt: Vor Bürgschaften sollst du dich in Acht nehmen; und in der Tat, es ist nichts unverschämter, als dass ein junger Durchbringer, der sich durch seine liederliche Wirtschaft ins Elend gestürzt hat, auch andere mit hineinziehen will; denn vermutlich hat er das gleich anfangs im Sinne gehabt, als er auf der Akademie Ihre Freundschaft suchte.

HERR VON SEIFFENBLASE. Ja, ja, lieber Bruder Berg, nimm mir nicht übel, da hast du einen großen Bock gemacht. Du bist selbst schuld daran; dem Kerl hättst du's doch gleich ansehen können, dass er dich betrügen würde. Er ist bei mir auch gewesen und hat mich angesprochen, er wär aufs Äußerste getrieben, seine Kreditores wollten ihn wegstecken lassen, wo ihn nicht Sonn noch Mond beschiene. Lass sie dich, dacht' ich, es schadet dir nichts. Das ist dafür, dass du uns sonst kaum über die Achseln ansahst, aber wenn ihr in Not seid, da sind die Adeligen zu Kaventen gut genug. Er erzählte mir Langes und Breites; er hätte seine Pistolen schon geladen, im Fall die Kreditores ihn angriffen – Und nun lässt der liederliche Hund dich an seiner Stelle prostituieren. Das ist wahr: Wenn mir das geschehen wäre, ich könnte so ruhig nicht dabei sein; zwischen vier Mauern der Herr von Berg, und das um eines liederlichen Studenten willen.

FRITZ. Er war mein Schulkamerad – – Lasst ihn zufrieden. Wenn ich mich nicht über ihn beklage, was geht's Euch an? Ich kenn ihn länger als Ihr; ich weiß, dass er mich nicht mit seinem guten Willen hier sitzen lässt.

HOFMEISTER. Aber, Herr von Berg, wir müssen in der Welt mit Vernunft handeln. Sein Schade ist es gewiss nicht, dass Sie hier für ihn sitzen, und seinethalben können Sie noch ein Säkulum so sitzen bleiben. –

FRITZ. Ich hab ihn von Jugend auf gekannt: Wir haben uns noch niemals was abgeschlagen. Er hat mich wie seinen Bruder geliebt, ich ihn wie meinen. Als er nach Halle reiste, weint' er zum ersten Mal in seinem Leben, weil er nicht mit mir reisen konnte. Ein ganzes Jahr früher hätt er schon auf die Akademie gehen können, aber um mit mir zusammen zu reisen, stellt' er sich gegen die Präzeptores dummer, als er war, und doch wollt' es das Schicksal und unsre Väter so, dass wir nicht zusammen reisten, und das war sein Unglück. Er hat nie gewusst mit Geld umzugehen und gab jedem, was er verlangte. Hätt ihm ein Bettler das letzte Hemd vom Leibe gezogen und dabei gesagt: Mit Ihrer Erlaubnis, lieber Herr Pätus – er hätt's ihm gelassen. Seine Kreditores gingen mit ihm um wie Straßenräuber, und sein Vater verdiente nie, einen verlornen Sohn zu haben, der bei all seinem Elend ein so gutes Herz nach Hause brachte.

HOFMEISTER. Oh, verzeihn Sie mir, Sie sind jung und sehen alles noch aus dem vorteilhaftesten Gesichtspunkte an; man muss erst eine Weile unter den Menschen gelebt haben, um Charaktere beurteilen zu können. Der Herr Pätus, oder wie er da heißt, hat sich Ihnen bisher immer nur unter der Maske gezeigt; jetzt kommt sein wahres Gesicht erst ans Tageslicht: Er muss einer der feinsten und abgefeimtesten Betrüger gewesen sein, denn die treuherzigen Spitzbuben …

PÄTUS *(in Reisekleidern, fällt Berg um den Hals)*. Bruder Berg – –

FRITZ. Bruder Pätus – –

PÄTUS. Nein – lass – zu deinen Füßen muss ich liegen – dich hier

– um meinetwillen – *(Rauft sich das Haar mit beiden Händen und stampft mit den Füßen.)* O Schicksal! Schicksal! Schicksal!

FRITZ. Nun, wie ist's? Hast du Geld mitgebracht? Ist dein Vater versöhnt? Was bedeutet dein Zurückkommen?

PÄTUS. Nichts, nichts. – Er hat mich nicht vor sich gelassen. – Hundert Meilen umsonst gereist! – Ihr Diener, ihr Herren. Bollwerk, wein nicht, du erniedrigst mich zu tief, wenn du gut für mich denkst – O Himmel, Himmel!

FRITZ. So bist du der ärgste Narr, der auf dem Erdboden wandelt. Warum kommst du zurück? Bist du wahnwitzig? Haben alle deine Sinne dich verlassen? Willst du, dass die Kreditores dich gewahr werden? – Fort! Bollwerk, führ ihn fort; sieh, dass du ihn sicher aus der Stadt bringst. – Ich höre den Pedell – Pätus, ewig mein Feind, wo du nicht im Augenblick –

(Pätus wirft sich ihm zu Füßen.)

FRITZ. Ich möchte rasend werden –

BOLLWERK. So sei doch nun kein Narr, da Berg so großmütig ist und für dich sitzen bleiben will; sein Vater wird ihn schon auslösen: aber wenn du einmal sitzest, so ist keine Hoffnung mehr für dich; du musst im Gefängnis verfaulen.

PÄTUS. Gebt mir einen Degen her …

FRITZ. Fort! –

BOLLWERK. Fort! –

PÄTUS. Ihr tut mir eine Barmherzigkeit, wenn ihr mir einen Degen –

SEIFFENBLASE. Da haben Sie meinen …

BOLLWERK *(greift ihm in die Arme)*. Herr – Schurke! Lassen Sie – Stecken Sie nicht ein! Sie sollen nicht umsonst gezogen haben. Erst will ich meinen Freund in Sicherheit bringen, und dann erwarten Sie mich hier – Draußen, wohl zu verstehen; also vorderhand zur Tür hinaus! *(Wirft ihn zur Tür hinaus.)*

HOFMEISTER. Mein Herr Bollwerk –

BOLLWERK. Kein Wort, Sie – gehen Sie Ihrem Jungen nach und lehren Sie ihn, kein schlechter Kerl sein – Sie können mich haben, wo und wie Sie wollen.

(Der Hofmeister geht ab.)

PÄTUS. Bollwerk! Ich will dein Sekundant sein.

BOLLWERK. Narr auch! Du tust als – Willst du mir den Handschuh vielleicht halten, wenn ich vorher eins übern Daumen pisse? – Was braucht's da Sekundanten? Komm nur fort und sekundiere dich zur Stadt hinaus, Hasenfuß.

PÄTUS. Aber ihrer sind zwei.

BOLLWERK. Ich wünschte, dass ihrer zehn wären und keine Seiffenblasen drunter – So komm doch und mach dich nicht selbst unglücklich, närrischer Kerl.

PÄTUS. Berg! –

(Bollwerk reißt ihn mit sich fort.)

DRITTER AUFZUG

ERSTER AUFTRITT

In Heidelbrunn

Der Major im Nachtwämschen. Der Geheime Rat

MAJOR. Bruder, ich bin der Alte nicht mehr. Mein Herz sieht zehnmal toller aus als mein Gesicht – Es ist sehr gut, dass du mich besuchst; wer weiß, ob wir uns so lang mehr sehen. –

GEHEIMER RAT. Du bist immer ausschweifend, in allen Stücken – Dir ein Nichts so zu Herzen gehen zu lassen! – Wenn deiner Tochter die Schönheit abgeht, so bleibt sie doch immer noch das gute Mädchen, das sie war; so kann sie hundert andere liebenswürdige Eigenschaften besitzen.

MAJOR. Ihre Schönheit – Hol mich der Teufel, es ist nicht das allein, was ihr abgeht; ich weiß nicht, ich werde noch den Verstand verlieren, wenn ich das Mädchen lang unter Augen behalte. Ihre Gesundheit ist hin, ihre Munterkeit, ihre Lieblichkeit, weiß der Teufel, wie man das Dings all nennen soll; aber obschon ich's nicht nennen kann, so kann ich's doch sehen, so kann ich's doch fühlen und begreifen, und du weißt, dass ich aus dem Mädchen meinen Abgott gemacht habe. Und dass ich sie so sehen muss unter meinen Händen hinsterben, verwesen – *(Weint.)* Bruder Geheimer Rat, du hast keine Tochter; du weißt nicht, wie einem Vater zumute sein muss, der eine Tochter hat. – Ich habe dreizehn Bataillen beigewohnt und achtzehn Blessuren bekommen und hab den Tod vor Augen gesehen und bin – O lass mich zufrieden; pack dich zu meinem Haus hinaus; lass die ganze Welt sich fortpacken. Ich will es anstecken und die Schaufel in die Hand nehmen und Bauer werden.

GEHEIMER RAT. Und Frau und Kinder –

MAJOR. Du beliebst zu scherzen; ich weiß von keiner Frau und Kindern, ich bin Major Berg gottseligen Andenkens und will den Pflug in die Hand nehmen und will Vater Berg werden, und wer mir zu nahe kommt, dem geb ich mit meiner Hack über die Ohren. –

GEHEIMER RAT. So schwärmerisch-schwermütig hab ich ihn doch nie gesehen.

(Die Majorin stürzt herein.)

MAJORIN. Zu Hilfe, Mann – Wir sind verloren – Unsere Familie, unsere Familie!

GEHEIMER RAT. Gott behüt, Frau Schwester! Was stellen Sie an? Wollen Sie Ihren Mann rasend machen?

MAJORIN. Er soll rasend werden – Unsere Familie – Infamie! – Oh, ich kann nicht mehr. – *(Fällt auf einen Stuhl.)*

MAJOR *(geht auf sie zu.)* Willst du mit der Sprache heraus? – Oder ich dreh dir den Hals um.

MAJORIN. Deine Tochter – der Hofmeister. – Lauf! *(Fällt in Ohnmacht.)*

MAJOR. Hat er sie zur Hure gemacht? *(Schüttelt sie.)* Was fällst du da hin? Jetzt ist's nicht Zeit zum Hinfallen. Heraus mit, oder das Wetter soll dich zerschlagen. Zur Hure gemacht? Ist's das? – Nun, so werd denn die ganze Welt zur Hure, und du, Berg, nimm die Mistgabel in die Hand. – *(Will gehen.)*

GEHEIMER RAT *(hält ihn zurück)*. Bruder, wenn du dein Leben lieb hast, so bleib hier – Ich will alles untersuchen – Deine Wut macht dich unmündig. *(Geht ab und schließt die Tür zu.)*

MAJOR *(arbeitet vergebens, sie aufzumachen)*. Ich werd dich beunmündigen – *(Zu seiner Frau.)* Komm, komm, Hure, du auch! Sieh zu. *(Reißt die Tür auf.)* Ich will ein Exempel statuieren – Gott hat mich bis hierher erhalten, damit ich an Weib und Kindern Exempel statuieren kann – Verbrannt, verbrannt, verbrannt! *(Schleppt seine Frau ohnmächtig vom Theater.)*

ZWEITER AUFTRITT

Eine Schule im Dorf. Es ist finstrer Abend.

Wenzeslaus. Läuffer

WENZESLAUS *(sitzt an einem Tisch, die Brille auf der Nase, und liniert)*. Wer da? Was gibt's?

LÄUFFER. Schutz! Schutz! werter Herr Schulmeister. Man steht mir nach dem Leben.

WENZESLAUS. Wer ist Er denn?

LÄUFFER. Ich bin Hofmeister im benachbarten Schloss. Der Major Berg ist mit all seinen Bedienten hinter mir her und wollen mich erschießen.

WENZESLAUS. Behüte – Setz Er sich hier nieder zu mir – Hier hat Er meine Hand; Er soll sicher bei mir sein – Und nun erzähl Er mir, derweil ich diese Vorschrift hier schreibe.

LÄUFFER. Lassen Sie mich erst zu mir selber kommen. –

WENZESLAUS. Gut, verschnauf Er sich, und hernach will ich Ihm ein Glas Wein geben lassen, und wollen eins zusammen trinken. Unterdessen sag Er mir doch – Hofmeister – *(Legt das Lineal weg, nimmt die Brille ab und sieht ihn eine Weile an.)* Nun ja, nach dem Rock zu urteilen – Nun, nun, ich glaub's Ihm, dass Er der Hofmeister ist. Er sieht ja so rot und weiß drein. – Nur sag Er mir aber doch, mein lieber Freund *(setzt die Brille wieder auf)*, wie ist Er denn zu dem Unstern gekommen, dass Sein Herr Patron so entrüstet auf Ihn ist? Ich kann mir's doch nimmermehr einbilden, dass ein Mann wie der Herr Major von Berg – Ich kenne ihn wohl; ich habe genug von ihm reden hören; er soll freilich von einem hastigen Temperament sein; viel Cholera, viel Cholera – Sehen Sie, da muss ich meinen Buben selber die Linien ziehen, denn nichts lernen die Bursche so schwer als das Geradeschreiben, das Gleichschreiben – Nicht zierlich geschrieben, nicht geschwind geschrieben, sag ich immer, aber nur gerad geschrieben, denn das hat seinen Einfluss in alles, auf die Sitten, auf die Wissenschaften, in alles, lieber Herr Hofmeister. Ein Mensch, der nicht gerad schreiben kann, sag ich immer, der kann auch nicht gerad handeln – Wo waren wir? –

LÄUFFER. Dürft ich mir ein Glas Wasser ausbitten?

WENZESLAUS. Wasser? – Sie sollen's haben. Aber – ja, wovon redeten wir? Vom Geradschreiben; nein, vom Major – hehehe – Aber wissen Sie auch, Herr – Wie ist Ihr Name?

LÄUFFER. Mein – Ich heiße – Mandel.

WENZESLAUS. Herr Mandel – Und darauf mussten Sie sich noch besinnen? Nun ja, man hat bisweilen Abwesenheiten des Geistes; besonders die jungen Herren weiß und rot – Sie heißen unrecht Mandel; Sie sollten Mandelblüte heißen, denn Sie sind ja weiß und rot wie Mandelblüte – Nun ja freilich, der Hofmeisterstand ist einer von denen, unus ex his, die alleweile mit Rosen und Lilien überstreut sind und wo einen die Dornen des Lebens nur gar selten stechen. Denn was hat man zu tun? Man isst, trinkt, schläft, hat für nichts zu sorgen; sein gut Glas Wein gewiss, seinen Braten täglich, alle Morgen seinen Kaffee, Tee, Schokolade oder was man trinkt, und das geht dann immer so fort – Nun ja, ich wollt Ihnen sagen: Wissen Sie auch, Herr Mandel, dass ein Glas Wasser der Gesundheit ebenso schädlich auf eine heftige Gemütsbewegung als auf eine heftige Leibesbewegung; aber freilich, was fragt ihr jungen Herren Hofmeister nach der Gesundheit – Denn sagt mir doch *(legt Brille und Lineal weg und steht auf)*, wo in aller Welt kann das der Gesundheit gut tun, wenn alle Nerven und Adern gespannt sind und das Blut ist in der heftigsten Zirkulation und die Lebensgeister sind alle in einer – Hitze, in einer –

LÄUFFER. Um Gottes willen, der Graf Wermuth – *(Springt in eine Kammer.)*

(Graf Wermuth mit ein paar Bedienten, die Pistolen tragen.)

GRAF. Ist hier ein gewisser Läuffer – Ein Student im blauen Rock mit Tressen?

WENZESLAUS. Herr, in unserm Dorf ist's die Mode, dass man den Hut abzieht, wenn man in die Stube tritt und mit dem Herrn vom Hause spricht.

GRAF. Die Sache pressiert – Sagt mir, ist er hier oder nicht?

WENZESLAUS. Und was soll er denn verbrochen haben, dass Ihr ihn so mit gewaffneter Hand sucht? *(Graf will in die Kammer, er stellt sich vor die Tür.)* Halt, Herr! Die Kammer ist mein, und wo Ihr nicht augenblicklich Euch aus meinem Hause packt, so zieh ich nur an meiner Schelle, und ein halb Dutzend handfester Bauerkerle schlägt Euch zu morsch Pulver-Granatenstücken. Seid Ihr Straßenräuber, so muss man Euch als Straßenräubern begegnen. Und damit Ihr Euch nicht verirrt und den Weg zum Haus hinaus so gut findet, als Ihr ihn hineingefunden habt – *(Fasst ihn an der Hand und führt ihn zur Tür hinaus, die Bedienten folgen ihm.)*

LÄUFFER *(springt aus der Kammer hervor)*. Glücklicher Mann! Beneidenswerter Mann!

WENZESLAUS *(in der obigen Attitüde)*. In – Die Lebensgeister, sagt' ich, sind in einer – Begeisterung, alle Passionen sind gleichsam in einer Empörung, in einem Aufruhr – Nun, wenn Ihr da Wasser trinkt, so geht's, wie wenn man in eine mächtige Flamme Wasser schüttet. Die starke Bewegung der Luft und der Krieg zwischen den beiden entgegengesetzten Elementen macht eine Efferveszenz, eine Gärung, eine Unruhe, ein tumultuarisches Wesen.

LÄUFFER. Ich bewundere Sie …

WENZESLAUS. Gottlieb! – Jetzt können Sie schon allgemach trinken – allgemach –, und dann werden Sie auf den Abend mit einem Salat und Knackwurst vorlieb nehmen – Was war das für ein ungeschliffener Kerl, der nach Ihnen suchte?

LÄUFFER. Es ist der Graf Wermuth, der künftige Schwiegersohn des Majors; er ist eifersüchtig auf mich, weil das Fräulein ihn nicht leiden kann. –

WENZESLAUS. Aber was soll denn das auch? Was will das Mädchen denn auch mit Ihm, Monsieur Jungfernknecht? Sich ihr Glück zu verderben um eines solchen jungen Siegfrieds willen, der nirgends Haus oder Herd hat? Das lass Er sich aus dem Kopf und folg Er mir nach in die Küche. Ich seh, mein Bub ist fortgegangen, mir Bratwürste zu holen. Ich will Ihm selber Wasser schöpfen, denn Magd hab ich nicht, und an eine Frau hab ich mich noch nicht unterstanden zu denken, weil ich weiß, dass ich keine ernähren kann – geschweige denn eine darauf angesehen, wie ihr junge Herren weiß und rot – Aber man sagt wohl mit Recht, die Welt verändert sich. –

DRITTER AUFTRITT

In Heidelbrunn

Der Geheime Rat. Herr von Seiffenblase und sein Hofmeister

HOFMEISTER. Wir haben uns in Halle nur ein Jahr aufgehalten, und als wir von Göttingen kamen, nahmen wir unsere Rückreise über alle berühmten Universitäten in Deutschland. Wir konnten also in Halle das zweite Mal nicht lange verweilen; zudem saß Ihr Herr Sohn grade zu der Zeit in dem unglücklichen Arrest, wo ich ihn nur einige Male zu sprechen die Ehre haben konnte; also könnt ich Ihnen aufrichtig von der Führung Dero Herrn Sohns draußen keine umständliche Nachricht geben.

GEHEIMER RAT. Der Himmel verhängt Strafen über unsre ganze Familie. Mein Bruder – Ich will's Ihnen nur nicht verhehlen, denn leider ist Stadt und Land voll davon – hat das Unglück gehabt, dass seine Tochter ihm verschwunden ist, ohne dass eine Spur von ihr anzutreffen – Ich höre jetzt von meinem Sohne – Wenn er sich gut geführt hätte, wie wär's möglich gewesen, ihn ins Gefängnis zu bringen? Ich hab ihm außer seinem starken Wechsel noch alle halbe Jahre außerordentliche geschickt; auf jeden Fall –

HOFMEISTER. Die bösen Gesellschaften, die erstaunenden Verführungen auf Akademien.

SEIFFENBLASE. Das Seltsamste dabei ist, dass er für einen andern sitzt, einen Ausbund aller Liederlichkeit, einen Menschen, für den ich keinen Groschen ausgäbe, und wenn er auf meinem Misthaufen krepierte. Er ist hier gewesen, Sie werden von ihm gehört haben; er suchte Geld bei seinem Vater, unter dem Vorwand, Ihren Herrn Sohn auszulösen; vermutlich wär er damit auf eine andere Akademie gegangen und hätte von frischem angefangen zu wirtschaften. Ich weiß schon, wie's die liederlichen Studenten machen, aber sein Vater hat den Braten gerochen und hat ihn nicht vor sich kommen lassen.

GEHEIMER RAT. Doch wohl nicht der junge Pätus, des Ratsherrn Sohn?

SEIFFENBLASE. Ich glaub, es ist derselbe.

GEHEIMER RAT. Jedermann hat dem Vater die Härte verdacht.

HOFMEISTER. Ja, was ist da zu verdenken, mein gnädiger Herr Geheimer Rat? Wenn ein Sohn die Güte des Vaters zu sehr missbraucht, so muss sich das Vaterherz wohl ab von ihm wenden. Der Hohepriester Eli war nicht hart und brach den Hals.

GEHEIMER RAT. Gegen die Ausschweifungen seiner Kinder kann man nie zu hart sein, aber wohl gegen ihr Elend. Der junge Mensch soll hier haben betteln müssen. Und mein Sohn sitzt um seinetwillen?

SEIFFENBLASE. Was anders? Er war sein vertrautester Freund und fand niemand würdiger, mit ihm die Komödie von Damon und Pythias zu spielen. Noch mehr, Herr Pätus kam zurück und wollte seinen Platz wieder einnehmen; aber Ihr Sohn bestand darauf, er wollte sitzen bleiben: Sie würden ihn schon auslösen, und Pätus mit einem andern Erzrenommisten und Spieler wollten die Flucht nehmen und sich zu helfen suchen, so gut sie könnten. Vielleicht überfallen sie wieder so irgendeinen armen Studenten mit Masken vor den Gesichtern auf der Stube und nehmen ihm die Uhr und die Goldbörse, mit der Pistole auf der Brust, weg, wie sie's in Halle schon einem gemacht haben.

GEHEIMER RAT. Und mein Sohn ist der Dritte aus diesem Kleeblatt?

SEIFFENBLASE. Ich weiß nicht, Herr Geheimer Rat. –

GEHEIMER RAT. Kommen Sie zum Essen, meine Herren! Ich weiß schon zu viel. Es ist ein Gericht Gottes über gewisse Familien: bei einigen sind gewisse Krankheiten erblich; bei andern arten die Kinder aus, die Väter mögen tun, was sie wollen. Essen Sie, ich will fasten und beten, vielleicht hab ich diesen Abend durch die Ausschweifungen meiner Jugend verdient.

VIERTER AUFTRITT

Die Schule

Wenzeslaus und Läuffer, an einem ungedeckten Tisch speisend

WENZESLAUS. Schmeckt's? Nicht wahr, es ist ein Abstand von meinem Tisch und dem des Majors? Aber wenn der Schulmeister Wenzeslaus seine Wurst isst, so hilft ihm das gute Gewissen verdauen, und wenn der Herr Mandel Kapaunenbraten mit der Champignonsoße aß, so stieß ihm sein Gewissen jeden Bissen, den er herabschluckte, mit der Moral wieder in Hals zurück: Du bist ein – Denn sagt mir einmal, lieber Herr Mandel, nehmt mir nicht übel, dass ich Euch die Wahrheit sage, das würzt das Gespräch wie Pfeffer den Gurkensalat, sagt mir einmal, ist das nicht hundsföttisch, wenn ich davon überzeugt bin, dass ich ein Ignorant bin und meine Untergebenen nichts lehren kann und also müßig bei ihnen gehe und sie müßig gehen lasse und dem lieben Gott ihren Tag stehlen, und doch hundert Dukaten – War's nicht so viel? Gott verzeih mir, ich hab in meinem Leben nicht so viel Geld auf einem Haufen beisammen gesehen! – Hundertfünfzig Dukaten, sag ich, in Sack stecke, für nichts und wieder nichts?

LÄUFFER. Oh! und Sie haben noch nicht alles gesagt, Sie kennen Ihren Vorzug nicht ganz oder fühlen ihn, ohn ihn zu kennen. Haben Sie nie einen Sklaven im betressten Rock gesehen? O Freiheit, güldene Freiheit!

WENZESLAUS. Ei was, Freiheit! Ich bin auch so frei nicht; ich bin an meine Schule gebunden und muss Gott und meinem Gewissen Rechenschaft von geben.

LÄUFFER. Eben das – Aber wie, wenn Sie den Grillen eines wunderlichen Kopfs davon Rechenschaft ablegen müssten, der mit Ihnen umginge hundertmal ärger als Sie mit Ihren Schulknaben.

WENZESLAUS. Je nun – dann müsste er aber auch an Verstand so weit über mich erhaben sein wie ich über meine Schulknaben, und das trifft man selten, glaub ich wohl; besonders bei unsern Edelleuten; da mögt Ihr wohl Recht haben; wenigstens der Flegel da, der mir vorhin in meine Kammer wollte, ohne mich vorher um Erlaubnis zu bitten. Wenn ich zum Herrn Graf käme und wollt ihm, mir nichts, dir nichts, die Zimmer visitieren – Aber potz Millius, so esst doch; Ihr macht ja ein Gesicht, als ob Ihr zu laxieren einnehmt. Nicht wahr, Ihr hättet gern ein

Glas Wein dazu? Ich hab Euch zwar vorhin eins versprochen, aber ich habe keinen im Hause. Morgen werd ich wieder bekommen, und da trinken wir sonntags und donnerstags, und wenn der Organist Franz zu uns kommt, extra. Wasser, Wasser, mein Freund ἄριστον μὲν τὸ ὕδωρ – das hab ich noch von der Schule mitgebracht, und da eine Pfeife dazu geraucht nach dem Essen im Mondenschein und einen Gang ums Feld gemacht, da lässt sich drauf schlafen, vergnügter als der große Mogul – Ihr raucht doch eins mit heut?

LÄUFFER. Ich will's versuchen; ich hab in meinem Leben nicht geraucht.

WENZESLAUS. Ja freilich, ihr Herren weiß und rot, das verderbt euch die Zähne. Nicht wahr? und verderbt euch die Farbe; nicht wahr? Ich habe geraucht, als ich kaum von meiner Mutter Brust entwöhnt war; die Warze mit dem Pfeifenmundstück verwechselt. Hehehe! Das ist gut wider die böse Lust und wider die bösen Begierden ebenfalls. Das ist so meine Diät: Des Morgens kalt Wasser und eine Pfeife, dann Schule gehalten bis elfe, dann wieder eine Pfeife bis die Suppe fertig ist, die kocht mir mein Gottlieb so gut als eure französischen Köche, und da ein Stück Gebratenes und Zugemüse, und dann wieder eine Pfeife, dann wieder Schule gehalten, dann Vorschriften geschrieben bis zum Abendessen; da ess ich denn gemeiniglich kalt etwas, eine Wurst mit Salat, ein Stück Käs oder was der liebe Gott gegeben hat, und dann wieder eine Pfeife vor Schlafengehen.

LÄUFFER. Gott behüte, ich bin in eine Tabagie gekommen –

WENZESLAUS. Und da werd ich dick und fett dabei und lebe vergnügt und denke noch ans Sterben nicht.

LÄUFFER. Es ist aber doch unverantwortlich, dass die Obrigkeit nicht dafür sorgt, Ihnen das Leben angenehmer zu machen.

WENZESLAUS. Ei was, es ist nun einmal so; und damit muss man zufrieden sein: Ich bin doch auch mein eigner Herr, und hat kein Mensch mich zu schikanieren, da ich alle Tage weiß, dass ich mehr tu, als ich soll. Ich soll meine Buben Lesen und Schreiben lehren; ich lehre sie Rechnen dazu und Lateinisch dazu und mit Vernunft lesen dazu und gute Sachen schreiben dazu.

LÄUFFER. Und was für Lohn haben Sie dafür?

WENZESLAUS. Was für Lohn? – Will Er denn das kleine Stückchen Wurst da nicht aufessen? Er kriegt nichts Bessers; wart Er auf nichts Bessers, oder Er muss das erste Mal Seines Lebens hungrig zu Bette gehen. – Was für Lohn? Das war dumm gefragt, Herr Mandel. Verzeih Er mir, was für Lohn? Gottes Lohn hab ich dafür, ein gutes Gewissen, und wenn ich da vielen Lohn von der Obrigkeit begehren wollte, so hätt ich ja meinen Lohn dahin. Will Er denn den Gurkensalat durchaus verderben lassen? So ess Er doch; so sei Er doch nicht blöde: Bei einer schmalen Mahlzeit muss man – zum Kuckuck – nicht blöde sein. Wart Er, ich will Ihm noch ein Stück Brot abschneiden.

LÄUFFER. Ich bin satt überhörig.

WENZESLAUS. Nun, so lass Er's stehen; aber es ist Seine eigene Schuld, wenn's nicht wahr ist. Und wenn es wahr ist, so hat Er Unrecht, dass Er sich überhörig satt isst, denn das macht böse Begierden und schläfert den Geist ein. Ihr Herren weiß und rot mögt's glauben oder nicht. Man sagt zwar auch vom Tabak, dass er ein narkotisches, schläfrig machendes, dumm machendes Öl habe, und ich hab's bisweilen auch wohl so wahr gefunden und bin versucht worden, Pfeife und allen Henker ins Kamin zu werfen, aber unser Nebel hierherum beständig und die feuchte Winter- und Herbstluft alleweile und dann die vortreffliche Wirkung, die ich davon verspüre, dass es zugleich die bösen Begierden mit einschläfert – Holla, wo seid Ihr denn, lieber Mann? Eben, da ich vom Einschläfern rede, nickt Ihr schon, so geht's, wenn der Kopf leer ist und faul dabei und niemals angestrengt worden. Allons! frisch, eine Pfeife mit mir geraucht! *(Stopft sich und ihm.)* Lasst uns noch eins miteinander plaudern. *(Raucht.)* Ich hab Euch schon in der Küche sagen wollen: Ich sehe, dass Ihr schwach in der Latinität seid, aber da Ihr doch eine gute Hand schreibt, wie Ihr sagt, so könnt Ihr mir doch so abends an die Hand gehen, weil ich meiner Augen muss anfangen zu schonen und meinen Buben die Vorschriften schreiben. Ich will Euch dabei Corderii Colloquia geben und Gürtleri Lexicon, wenn Ihr fleißig sein wollt. Ihr habt ja den ganzen Tag für Euch, so könnt Ihr Euch in der lateinischen Sprache was umtun, und wer weiß, wenn es Gott gefällt, mich heute oder morgen von der Welt zu nehmen – Aber Ihr müsst fleißig sein, das sag ich Euch, denn so seid Ihr ja noch kaum zum Kollaborator tüchtig, geschweige denn – *(Trinkt.)*

LÄUFFER *(legt die Pfeife weg)*. Welche Demütigung.

WENZESLAUS. Aber... aber... aber *(reißt ihm den Zahnstocher aus dem Munde)*, was ist denn das da? Habt Ihr denn noch nicht einmal so viel gelernt, großer Mensch, dass Ihr für Euern eignen Körper Sorge tragen könnt? Das Zähnestochern ist ein Selbstmord; ja ein Selbstmord, eine mutwillige Zerstörung Jerusalems, die man mit seinen Zähnen vornimmt. Da, wenn Euch was im Zahn sitzen bleibt: *(nimmt Wasser und schwenkt den Mund aus.)* So müsst Ihr's machen, wenn Ihr gesunde Zähne behalten wollt, Gott und Euren Nebenmenschen zu Ehren, und nicht einmal im Alter herumlaufen wie ein alter Kettenhund, dem die Zähne in der Jugend ausgebrochen worden und der die Kinnbacken nicht zusammenhalten kann. Das wird einen schönen Schulmeister abgeben, will's Gott, wenn ihm aufs Alter die Worte ungeboren zum Munde herausfallen und er zwischen Nase und Oberlippen da was herausschnarcht, das kein Hund oder Hahn versteht.

LÄUFFER. Der wird mich noch zu Tod meistern – Das Unerträglichste ist, dass er Recht hat.

WENZESLAUS. Nun, wie geht's? Schmeckt Euch der Tabak nicht? Ich wette, nur ein paar Tage noch mit dem alten Wenzeslaus zusammen, so werdet Ihr rauchen wie ein Bootsknecht. Ich will Euch nach meiner Hand ziehen, dass Ihr Euch selber nicht mehr wieder kennen sollt.

VIERTER AUFZUG

ERSTER AUFTRITT

Zu Insterburg

Geheimer Rat. Major

MAJOR. Hier, Bruder – Ich schweife wie Kain herum, unstet und flüchtig – Weißt du was? Die Russen sollen Krieg mit der Türkei haben; ich will nach Königsberg gehn, um nähere Nachrichten einzuziehen; ich will mein Weib verlassen und in der Türkei sterben.

GEHEIMER RAT. Deine Ausschweifungen schlagen mich vollends zu Boden. O Himmel, muss es denn von allen Seiten stürmen? – Da, lies den Brief vom Professor M–r.

MAJOR. Ich kann nicht mehr lesen; ich habe meine Augen blind geweint.

GEHEIMER RAT. So will ich dir vorlesen, damit du siehst, dass du nicht der einzige Vater seist, der sich zu beklagen hat: „Ihr Sohn ist vor einiger Zeit wegen Bürgschaft gefänglich eingezogen worden; er hat, wie er mir vorgestern mit Tränen gestanden, nach fünf vergeblich geschriebenen Briefen keine Hoffnung mehr, von Eurer Exzellenz Verzeihung zu erhalten. – Ich redete ihm zu, sich zu beruhigen, bis ich gleichfalls in dieser Sache vermittelt hätte: Er versprach es mir, ist aber ungeachtet dieses Versprechens noch in derselben Nacht heimlich aus dem Gefängnis entwischt. Die Schuldner haben ihm Steckbriefe nachsenden und seinen Namen in allen Zeitungen bekannt machen wollen; ich habe sie aber daran verhindert und für die Summe gutgesagt, weil ich viel zu sehr überzeugt bin, dass Eure Exzellenz diesen Schimpf nicht werden auf Dero Familie kommen lassen. Übrigens habe die Ehre, in Erwartung Dero Entschlusses mich mit vollkommenster …"

MAJOR. Schreib ihm zurück, sie sollen ihn hängen.

GEHEIMER RAT. Und die Familie?

MAJOR. Lächerlich! Es gibt keine Familie; wir haben keine Familie. Narrenspossen! Die Russen sind meine Familie; ich will griechisch werden.

GEHEIMER RAT. Und noch keine Spur von deiner Tochter?

MAJOR. Was sagst du?

GEHEIMER RAT. Hast du nicht die geringste Nachricht von deiner Tochter?

MAJOR. Lass mich zufrieden.

GEHEIMER RAT. Es ist doch dein Ernst nicht, nach Königsberg zu reisen?

MAJOR. Wann mag die Post abgehen von Königsberg nach Warschau?

GEHEIMER RAT. Ich werde dich nicht fortlassen; es ist nur umsonst. Meinst du, vernünftige Leute werden sich von deinen Phantasien übertölpeln lassen? Ich kündige dir hiermit Hausarrest an. Gegen Leute, wie du bist, muss man Ernst gebrauchen, sonst verwandelt sich ihr Gram in Narrheit.

MAJOR *(weint)*. Ein ganzes Jahr – Bruder Geheimer Rat – Ein ganzes Jahr – und niemand weiß, wohin sie gestoben oder geflogen ist –

GEHEIMER RAT. Vielleicht tot? –

MAJOR. Vielleicht? – Gewiss tot – und wenn ich nur den Trost haben könnte, sie noch zu begraben – aber sie muss sich selbst umgebracht haben, weil mir niemand Anzeige von ihr geben kann. – Eine Kugel durch den Kopf, Berg, oder einen Türkenpallasch; das wäre eine Victorie.

GEHEIMER RAT. Es ist ja ebenso wohl möglich, dass sie den Läuffer irgendwo angetroffen und mit dem aus dem Lande gegangen. Gestern hat mich Graf Wermuth besucht und hat mir gesagt, er sei denselben Abend noch in eine Schule gekommen, wo ihn der Schulmeister nicht hab in die Kammer lassen wollen; er vermutet immer noch, der Hofmeister habe dringesteckt, vielleicht deine Tochter bei ihm.

MAJOR. Wo ist der Schulmeister? Wo ist das Dorf? Und der Schurke von Grafen ist nicht mit Gewalt in die Kammer eingedrungen? Komm, wo ist der Graf?

GEHEIMER RAT. Er wird wohl wieder im „Hecht" abgestiegen sein, wie gewöhnlich.

MAJOR. Oh, wenn ich sie auffände – Wenn ich nur hoffen könnte, sie noch einmal wieder zu sehen. – Hol mich der Kuckuck, so alt wie ich bin und abgegrämt und wahnwitzig; ja, hol mich der Teufel, dann wollt ich doch noch in meinem Leben wieder einmal lachen, das letzte Mal laut lachen, und meinen Kopf in ihren entehrten Schoß legen und denn wieder einmal heulen, und denn – Adieu, Berg! Das wäre mir gestorben, das hieß mir sanft und selig im Herrn entschlafen. – Komm, Bruder, dein Junge ist nur ein Spitzbube geworden: das ist nur Kleinigkeit; an allen Höfen gibt's Spitzbuben; aber meine Tochter ist eine Gassenhure, das heiß ich einem Vater Freud machen; vielleicht hat sie schon drei Lilien auf dem Rücken.

– Vivat die Hofmeister und dass der Teufel sie holt! Amen!
(Gehen ab.)

ZWEITER AUFTRITT

Eine Bettlerhütte im Walde

Augustchen, im groben Kittel. Marthe, ein alt blindes Weib

GUSTCHEN. Liebe Marthe, bleibt zu Hause und seht wohl nach dem Kinde: es ist das erste Mal, dass ich Euch allein lasse in einem ganzen Jahre, also könnt Ihr mich nun wohl auch einmal einen Gang für mich tun lassen. Ihr habt Proviant für heute und morgen; Ihr braucht also heute nicht auf der Landstraße auszustehn.

MARTHE. Aber wo wollt Ihr denn hin, Grethe, dass Gott erbarm! Da Ihr noch so krank und so schwach seid? Lasst Euch doch sagen: Ich hab auch Kinder bekommen und ohne viele Schmerzen, so wie Ihr, Gott sei Dank! Aber einmal hab ich's versucht, den zweiten Tag nach der Niederkunft auszugehen, und nimmermehr wieder; ich hatte schon meinen Geist aufgegeben, wahrlich, ich könnt Euch sagen, wie einem Toten zumute ist – Lasst Euch doch lehren; wenn Ihr was im nächsten Dorf zu bestellen habt, obschon ich blind bin, ich will schon hinfinden! Bleibt nur zu Hause und macht, dass Ihr zu Kräften kommt: Ich will alles für Euch ausrichten, was es auch sei.

GUSTCHEN. Lass mich nur, Mutter; ich hab Kräfte wie eine junge Bärin – und seht nach meinem Kinde.

MARTHE. Aber wie soll ich denn danach sehen, heilige Mutter Gottes, da ich blind bin? Wenn es wird saugen wollen, soll ich's an meine schwarzen verwelkten Zitzen legen? Und es mitzunehmen habt Ihr keine Kräfte. Bleibt zu Hause, liebes Grethel, bleibt zu Hause.

GUSTCHEN. Ich darf nicht, liebe Mutter, mein Gewissen treibt mich fort von hier. Ich hab einen Vater, der mich mehr liebt als sein Leben und seine Seele. Ich habe die vorige Nacht im Traum gesehen, dass er sich die weißen Haare ausriss und Blut in den Augen hatte: Er wird meinen, ich sei tot. Ich muss ins Dorf und jemand bitten, dass er ihm Nachricht von mir gibt.

MARTHE. Aber hilf, lieber Gott, wer treibt Euch denn? Wenn Ihr nun unterwegs liegen bleibt? Ihr könnt nicht fort …

GUSTCHEN. Ich muss – Mein Vater stand wankend; auf einmal warf er sich auf die Erde und blieb tot liegen – Er bringt sich um, wenn er keine Nachricht von mir bekommt.

MARTHE. Wisst Ihr denn nicht, dass Träume gerade das Gegenteil bedeuten?

GUSTCHEN. Bei mir nicht – Lasst mich – Gott wird mit mir sein. *(Geht ab.)*

DRITTER AUFTRITT

Die Schule

Wenzeslaus. Läuffer, an einem Tisch sitzend. Der Major. Der Geheime Rat und Graf Wermuth treten herein mit Bedienten

WENZESLAUS *(lässt die Brille fallen).* Wer da?

MAJOR *(mit gezogenem Pistol.)* Dass dich das Wetter! Da sitzt der Has im Kohl. *(Schießt und trifft Läuffern in den Arm, der vom Stuhl fällt.)*

GEHEIMER RAT *(der vergeblich versucht hat, ihn zurückzuhalten.)* Bruder – *(Stößt ihn unwillig.)* So hab's denn danach, Tollhäusler!

MAJOR. Was? Ist er tot? *(Schlägt sich vors Gesicht.)* Was hab ich getan? Kann er mir keine Nachricht mehr von meiner Tochter geben?

WENZESLAUS. Ihr Herren! Ist das Jüngste Gericht nahe oder sonst etwas? Was ist das? *(Zieht an seiner Schelle.)* Ich will Euch lehren, einen ehrlichen Mann in seinem Hause überfallen.

LÄUFFER. Ich beschwör Euch, schellt nicht! – Es ist der Major; ich hab's an seiner Tochter verdient.

GEHEIMER RAT. Ist kein Chirurgus im Dorf, ehrlicher Schulmeister? Er ist nur am Arm verwundet, ich will ihn kurieren lassen.

WENZESLAUS. Ei was, kurieren lassen! Straßenräuber! Schießt man Leute übern Haufen, weil man so viel hat, dass man sie kurieren lassen kann? Er ist mein Kollaborator; er ist eben ein Jahr in meinem Hause: ein stiller, friedfertiger, fleißiger Mensch, und sein Tage hat man nichts von ihm gehört, und Ihr kommt und erschießt mir meinen Kollaborator in meinem eigenen Hause! – Das soll gerochen werden, oder ich will nicht selig sterben. Seht Ihr das?

GEHEIMER RAT *(bemüht, Läuffern zu verbinden).* Wozu das Geschwätz, lieber Mann? Es tut uns leid genug – Aber die Wunde könnte sich verbluten, schafft uns nur einen Chirurgus.

WENZESLAUS. Ei was! Wenn Ihr Wunden macht, so mögt Ihr

sie auch heilen, Straßenräuber! Ich muss doch nur zum Gevatter Schöpsen gehen. *(Geht ab.)*

MAJOR *(zu Läuffern)*. Wo ist meine Tochter?

LÄUFFER. Ich weiß es nicht.

MAJOR. Du weißt nicht? *(Zieht noch eine Pistole hervor.)*

GEHEIMER RAT *(entreißt sie ihm und schießt sie aus dem Fenster ab)*. Sollen wir dich mit Ketten binden lassen, du –

LÄUFFER. Ich hab sie nicht gesehen, seit ich aus Ihrem Hause geflüchtet bin; das bezeug ich vor Gott, vor dessen Gericht ich vielleicht bald erscheinen werde.

MAJOR. Also ist sie nicht mit dir gelaufen?

LÄUFFER. Nein.

MAJOR. Nun denn; so wieder eine Ladung Pulver umsonst verschossen. Ich wollt, sie wäre dir durch den Kopf gefahren, da du kein gescheites Wort zu reden weißt, Lumpenhund! Lasst ihn liegen und kommt bis ans Ende der Welt. Ich muss meine Tochter wiederhaben, und wenn nicht in diesem Leben, doch in jener Welt, und da soll mein hochweiser Bruder und mein hochweiseres Weib mich wahrhaftig nicht von abhalten. *(Läuft fort.)*

GEHEIMER RAT. Ich darf ihn nicht aus den Augen lassen. *(Wirft Läuffern einen Beutel zu.)* Lassen Sie sich davon kurieren und bedenken Sie, dass Sie meinen Bruder weit gefährlicher verwundet haben als er Sie. Es ist ein Bankozettel drin, geben Sie Acht drauf und machen ihn sich zunutz, so gut Sie können. *(Gehen alle ab.)*

(Wenzeslaus kommt mit dem Barbier Schöpsen und einigen Bauernkerlen.)

WENZESLAUS. Wo ist das Otterngezüchte? Redet!

LÄUFFER. Ich bitt Euch, seid ruhig. Ich habe weit weniger bekommen, als meine Taten wert waren. Meister Schöpsen, ist meine Wunde gefährlich? *(Schöpsen besieht sie.)*

WENZESLAUS. Was denn? Wo sind sie? Das leid ich nicht; nein, das leid ich nicht, und sollt es mich Schul und Amt und Haar und Bart kosten. Ich will sie zu Morsch schlagen, die Hunde. – Stellen Sie sich vor, Herr Gevatter; wo ist das in aller Welt, in iure naturae und in iure civili und im iure canonico und im iure gentium und wo Sie wollen, wo ist das erhört, dass man einem ehrlichen Mann in sein Haus fällt und in eine Schule dazu, an heiliger Stätte. – Gefährlich; nicht wahr? Haben Sie sondiert? Ist's?

SCHÖPSEN. Es ließe sich viel darüber sagen – nun doch, wir wollen sehen – am Ende wollen wir schon sehen.

WENZESLAUS. Ja Herr, hehe, in fine videbitur cuius boni, das heißt, wenn er wird tot sein oder wenn er völlig gesund sein wird, da wollen Sie uns erst sagen, ob die Wunde gefährlich war oder nicht; das ist aber nicht medizinisch gesprochen; verzeih Er mir. Ein tüchtiger Arzt muss das Dings vorher wissen, sonst sag ich ihm ins Gesicht: Er hat seine Pathologie oder Chirurgie nur so halbwege studiert und ist mehr in die Bordells gegangen als in die Collegia; denn in amore omnia insunt vitia, und wenn ich einen Ignoranten sehe, er mag sein aus was für einer Fakultät er wolle, so sag ich immer: Er ist ein Jungfernknecht gewesen, ein Hurenhengst; das lass ich mir nicht ausreden.

SCHÖPSEN *(nachdem er die Wunde noch einmal besichtigt)*. Ja, die Wunde ist, nachdem man sie nimmt. – Wir wollen sehen, wir wollen sehen. –

LÄUFFER. Hier, Herr Schulmeister, hat mir des Majors Bruder einen Beutel gelassen, der ganz schwer von Dukaten ist, und obenein ist ein Bankozettel drin. – Da sind wir auf viele Jahre geholfen.

WENZESLAUS *(hebt den Beutel)*. Nun, das ist etwas. – Aber Hausgewalt bleibt doch Hausgewalt und Kirchenraub Kirchenraub. – Ich will ihm einen Brief schreiben, dem Herrn Major, den er nicht ins Fenster stecken soll.

SCHÖPSEN *(der sich dieweil über vergessen und eifrig nach dem Beutel gesehen, fällt wieder über die Wunde her)*. Sie wird sich endlich schon kurieren lassen, aber sehr schwer, hoff ich, sehr schwer –

WENZESLAUS. Das hoff ich nicht, Herr Gevatter Schöpsen; das fürcht ich, das fürcht ich – aber ich will Ihm nur zum Voraus sagen, dass wenn Er die Wunde langsam kuriert, so kriegt Er auch langsame Bezahlung; wenn Er ihn aber in zwei Tagen wieder auf frischen Fuß stellt, so soll Er auch frisch bezahlt werden; darnach kann Er sich richten.

SCHÖPSEN. Wir wollen sehen.

VIERTER AUFTRITT

Gustchen. Major. Geheimer Rat. Graf Wermuth

GUSTCHEN *(liegend, an einem Teich mit Gesträuch umgeben)*. Soll ich denn hier sterben? – Mein Vater! Mein Vater! gib mir die Schuld nicht, dass du nicht Nachricht von mir bekömmst. Ich hab meine letzten Kräfte angewandt – sie sind erschöpft. – Sein Bild, o sein Bild steht mir immer vor den Augen! Er ist tot, ja tot – und vor Gram um mich. – Sein Geist ist mir diese Nacht erschienen, mir Nachricht davon zu geben, mich zur Rechenschaft dafür zu fordern. – Ich komme, ja, ich komme. *(Rafft sich auf und wirft sich in den Teich.)*

(Major von weitem. Geheimer Rat und Graf Wermuth folgen ihm).

MAJOR. Hei! hoh! da ging's in Teich. – Ein Weibsbild war's, und wenngleich nicht meine Tochter, doch auch ein unglücklich Weibsbild. – Nach, Berg! Das ist der Weg zu Gustchen oder zur Hölle! *(Springt ihr nach.)*

GEHEIMER RAT *(kommt)*. Gott im Himmel! Was sollen wir anfangen?

GRAF WERMUTH. Ich kann nicht schwimmen.

GEHEIMER RAT. Auf die andere Seite! – Mich deucht, er haschte das Mädchen ... Dort – dort hinten im Gebüsch. – Sehen Sie nicht? Nun treibt er den Teich mit ihr hinunter. – Nach! –

FÜNFTER AUFTRITT

Eine andere Seite des Teichs. Hinter der Szene Geschrei:

Hilfe! 's meine Tochter! Sackerment und all das Wetter! Graf! reicht mir doch die Stange, dass Euch die schwere Not!

(Major Berg trägt Gustchen aufs Theater. Geheimer Rat und Graf folgen.)

MAJOR. Da! – *(Setzt sie nieder. Geheimer Rat und Graf suchen sie zu ermuntern.)* Verfluchtes Kind! Habe ich das an dir erziehen müssen! *(Kniet nieder bei ihr.)* Gustel! was fehlt dir? Hast Wasser eingeschluckt? Bist noch mein Gustel? – Gottlose Kanaille! Hättest du mir nur ein Wort vorher davon gesagt, ich hätte dem Lausejungen einen Adelbrief gekauft, da hättet ihr können zusammenkriechen. – Gott behüt! so helft ihr doch; sie ist ja ohnmächtig. *(Springt auf, ringt die Hände, umhergehend.)* Wenn ich nur wüsst, wo der maledeite Chirurgus vom Dorf anzutreffen wäre! – Ist sie noch nicht wach?

GUSTCHEN *(mit schwacher Stimme)*. Mein Vater!

MAJOR. Was verlangst du?

GUSTCHEN. Verzeihung.

MAJOR *(geht auf sie zu)*. Ja, verzeih dir's der Teufel, ungeratenes Kind. – Nein *(kniet wieder bei ihr)*, fall nur nicht hin, mein Gustel – mein Gustel! Ich verzeih dir; ist alles vergeben und vergessen. – Gott weiß es; ich verzeih dir. – Verzeih du mir nur! Ja, aber nun ist's nicht mehr zu ändern. Ich hab dem Hundsfott eine Kugel durch den Kopf geknallt.

GEHEIMER RAT. Ich denke, wir tragen sie fort.

MAJOR. Lasst stehen! Was geht sie Euch an? Ist sie doch Eure Tochter nicht. Bekümmert Euch um Euer Fleisch und Bein daheime. *(Er nimmt sie auf die Arme).* Da Mädchen – Ich sollte wohl wieder nach dem Teich mit dir – *(schwenkt sie gegen den Teich zu)* aber wir wollen nicht eher schwimmen, als bis wir's Schwimmen gelernt haben, mein ich. – *(Drückt sie an sein Herz.)* O du mein einzig teuerster Schatz! Dass ich dich wieder in meinen Armen tragen kann, gottlose Kanaille! *(Trägt sie fort.)*

SECHSTER AUFTRITT

In Leipzig

Fritz von Berg. Pätus. Später Rehaar

FRITZ. Das Einzige, was ich an dir auszusetzen habe, Pätus – ich habe dir's schon lang sagen wollen: Untersuche dich nur selbst; was ist die Ursach zu all deinem Unglück gewesen? Ich tadle es nicht, wenn man sich verliebt. Wir sind in den Jahren; wir sind auf der See, der Wind treibt uns, aber die Vernunft muss immer am Steuerruder bleiben, sonst jagen wir auf die erste beste Klippe und scheitern. Die Hamstern war eine Kokette, die aus dir machte, was sie wollte, sie hat dich um deinen letzten Rock, um deinen guten Namen und um den guten Namen deiner Freunde dazu gebracht; ich dächte, da hättest du klug werden können. Die Rehaarin ist ein unverführtes, unschuldiges jugendliches Lamm; wenn man gegen ein Herz, das sich nicht verteidigen will noch verteidigen kann, alle möglichen Batterien spielen lässt, um es – was soll ich sagen? – zu zerstören, einzuäschern, das ist Unrecht, Bruder Pätus, das ist Unrecht. Nimm mir's nicht übel, wir können so nicht gute Freunde zusammen bleiben. Ein Mann, der gegen ein Frauenzimmer es so weit treibt, als er nur immer kann, ist entweder ein Teekessel oder ein Bösewicht; ein Teekessel, wenn er sich selbst nicht beherrschen kann, die Ehrfurcht, die er der Unschuld und Tugend schuldig ist, aus den Augen zu setzen; oder ein Bösewicht, wenn er sich selbst nicht beherrschen will und wie der Teufel im Paradiese sein einzig Glück dareinsetzt, ein Weib ins Verderben zu stürzen.

PÄTUS. Predige nur nicht, Bruder! Du hast Recht, es reuet mich, aber ich schwöre dir, ich kann darauf fluchen, dass ich das Mädchen nicht angerührt habe.

FRITZ. So bist du doch zum Fenster hineingestiegen, und die Nachbarn haben's gesehen; meinst du, ihre Zunge wird so verschämt sein, wie deine Hand vielleicht gewesen ist? Ich kenne dich, ich weiß, so dreist du scheinst, bist du doch blöde gegen's Frauenzimmer, und darum lieb ich dich; aber wenn's auch nichts mehr wäre, als dass das Mädchen ihren guten Namen verliert, und eine Musikantentochter dazu, ein Mädchen, das alles von der Natur empfing, vom Glück nichts; der ihre einzige Aussteuer, ihren guten Namen, zu rauben – du hast sie unglücklich gemacht, Pätus. –

(Herr Rehaar kommt, eine Laute unterm Arm.)

REHAAR. Ergebener Diener von Ihnen; ergebener Diener, Herr von Berg, wünsche schönen guten Morgen. Wie haben Sie geschlafen, und wie steht's Konzertchen? *(Setzt sich und stimmt.)* Haben Sie's durchgespielt? *(Stimmt.)* Ich habe die Nacht einen hässlichen Schrecken gehabt, aber ich will's dem eingedenk sein – Sie kennen ihn wohl, es ist einer von Ihren Landsleuten. Twing, twing. Das ist eine verdammte Quinte! Will sie doch mein Tage nicht recht tönen; ich will Ihnen Nachmittag eine andere bringen.

FRITZ *(setzt sich mit seiner Laute)*. Ich hab das Konzert noch nicht angesehen.

REHAAR. Ei ei, faules Herr von Bergchen, noch nicht angesehen? Twing! Nachmittag bring ich Ihnen eine andere. *(Legt die Laute weg und nimmt eine Prise.)* Man sagt, die Türken sind über die Donau gegangen und haben die Russen brav zurückgepeitscht, bis – Wie heißt doch nur der Ort? Bis Otschakow, glaub ich; was weiß ich? so viel sag ich Ihnen, wenn Rehaar unter ihnen gewesen wäre, was meinen Sie? Er wäre noch weiter gelaufen. Ha ha ha! *(Nimmt die Laute wieder.)* Ich sag Ihnen, Herr von Berg, ich habe keine größere Freude, als wenn ich wieder einmal in der Zeitung lese, dass eine Armee gelaufen ist. Die Russen sind brave Leute, dass sie gelaufen sind; Rehaar wäre auch gelaufen und alle gescheiten Leute, denn wozu nützt das Stehen und das sich totschlagen lassen? Hahaha!

FRITZ. Nicht wahr, das ist der erste Griff?

REHAAR. Ganz recht; den zweiten Finger etwas mehr übergelegt und mit dem kleinen abgerissen, so – Rund, rund den Triller, rund, Herr vor Bergchen – Mein seliger Vater pflegt' immer zu sagen: ein Musikus muss keine Courage haben, und ein Musikus, der ein Herz hat, ist ein Hundsfott. Wenn er sein Konzertchen spielen kann und seinen Marsch gut bläst – Das hab ich auch dem Herzog von Kurland gesagt, als ich nach Petersburg ging, das erste Mal in der Suite vom Prinzen Czartorinsky, und vor ihm spielen musste. – Ich muss noch lachen: Als ich in den Saal kam und wollt' ihm mein tief tief Kompliment machen, sah ich nicht, dass der Fußboden von Spiegel war und die Wände auch von Spiegel, und fiel herunter wie ein Stück Holz und schlug mir ein gewaltig Loch in den Kopf; da kamen die Hofkavaliere und wollten mich drüber necken. Leid't das nicht, Rehaar, sagte der Herzog, Ihr habt ja einen Degen an der Seite; leid't das nicht. Ja, sagt' ich, Ew. Herzogliche Majestät, mein Degen ist seit Anno dreißig nicht aus der Scheide gekommen, und ein Musikus braucht den Degen nicht zu ziehen, denn ein Musikus, der Herz hat und den Degen zieht, ist ein Hundsfott und kann sein Tag auf keinem Instrument was vor sich bringen. – Nein, nein, das dritte Chor war's, k, k, so – Rein, rein, den Triller rund, und den Daumen unten nicht bewegt, so –

PÄTUS *(der sich die Zeit über seitwärts gehalten, tritt hervor und bietet Rehaar die Hand)*. Ihr Diener, Herr Rehaar; wie geht's?

REHAAR *(erhebt sich mit der Laute)*. Ergebener Die – Wie soll's gehen, Herr Pätus? Toujours content, jamais d'argent: Das ist des alten Rehaars Sprichwort, wissen Sie, und die Herren Studenten wissen's alle; aber darum geben sie mir doch nichts. – Der Herr Pätus ist mir auch noch schuldig, von der letzten Serenade, aber er denkt nicht dran …

PÄTUS. Sie sollen haben, liebster Rehaar; in acht Tagen erwart ich unfehlbar meinen Wechsel.

REHAAR. Ja, Sie haben schon lang gewartet, Herr Pätus, und Wechselchen ist doch nicht kommen. Was ist zu tun, man muss Geduld haben; ich sag immer, ich begegne keinem Menschen mit so viel Ehrfurcht als einem Studenten: denn ein Student ist nichts, das ist wahr, aber es kann doch alles aus ihm werden. *(Er legt die Laute auf den Tisch und nimmt eine Prise.)* Aber was haben Sie mir denn gemacht, Herr Pätus? Ist das recht, ist das auch honett gehandelt? Sind mir gestern zum Fenster hineingestiegen, in meiner Tochter Schlafkammer.

PÄTUS. Was denn, Vaterchen? Ich? …

REHAAR *(lässt die Dose fallen)*. Ja, ich will dich bevaterchen, und ich werd es gehörigen Orts zu melden wissen, Herr, das sein Sie versichert. Meiner Tochter Ehr ist mir lieb, und es ist ein honettes Mädchen, hol's der Henker! und wenn ich's nur gestern gemerkt hätte oder wär aufgewacht, ich hätte Euch zum

Fenster hinausgehänselt, dass Ihr das Unterste zuoberst – Ist das honett, ist das ehrlich? Pfui Teufel, wenn ich Student bin, muss ich mich auch als Student aufführen, nicht als ein Schlingel. – Da haben mir's die Nachbarn heut gesagt; ich dacht', ich sollte den Schlag drüber kriegen, augenblicks hat mir das Mädchen auf den Postwagen müssen, und das nach Kurland zu ihrer Tante; ja nach Kurland, Herr, denn hier ist ihre Ehre hin, und wer zahlt mir nun die Reisekosten? Ich habe wahrhaftig den ganzen Tag keine Laut anrühren können, und über die fünfzehn Quinten sind mir heut gesprungen. Ja, Herr, ich zittere noch am ganzen Leibe, und, Herr Pätus, ich will ein Hühnchen mit Ihnen pflücken. Es soll nicht so bleiben; ich will euch Schlingeln lehren, ehrlicher Leute Kinder verführen.

PÄTUS. Herr, schimpf Er nicht, oder –

REHAAR. Sehen Sie nur an, Herr von Berg! sehn Sie einmal an – wenn ich nun Herz hätte, ich fordert ihn augenblicklich vor die Klinge. – Sehen Sie, da steht er und lacht mir noch in die Zähne obenein. Sind wir denn unter Türken und Heiden, dass ein Vater nicht mehr mit seiner Tochter sicher ist? Herr Pätus, Sie sollen mir's nicht umsonst getan haben, ich sag's Ihnen, und sollt's bis an den Kurfürsten selber kommen. Unter die Soldaten mit solchen liederlichen Hunden! Dem Kalbsfell folgen, das ist gescheiter! Schlingel seid ihr und keine Studenten.

PÄTUS *(gibt ihm eine Ohrfeige)*. Schimpf Er nicht; ich hab's Ihm fünfmal gesagt!

REHAAR *(springt auf, das Schnupftuch vorm Gesicht)*. So? Wart! – Wenn ich doch nur den roten Fleck behalten könnte, bis ich vorn Magnifikus komme – Wenn ich ihn doch nur acht Tage behalten könnte, dass ich nach Dresden reise und ihn dem Kurfürsten zeige – Wart, es soll dir zu Hause kommen, wart, wart – Ist das erlaubt? *(Weint.)* Einen Lautenisten zu schlagen? weil er dir seine Tochter nicht geben will, dass du Lautchen auf ihr spielen kannst? – Wart, ich will's Seiner Kurfürstlichen Majestät sagen, dass du mich ins Gesicht geschlagen hast. Die Hand soll dir abgehauen werden – Schlingel! *(Läuft ab, Pätus will ihm nach, Fritz hält ihn zurück.)*

FRITZ. Pätus! Du hast schlecht gehandelt. Er war beleidigter Vater, du hättest ihn schonen sollen.

PÄTUS. Was schimpfte der Schurke?

FRITZ. Schimpfliche Handlungen verdienen Schimpf. Er konnte die Ehre seiner Tochter auf keine andere Weise rächen, aber es möchten sich Leute finden –

PÄTUS. Was? Was für Leute?

FRITZ. Du hast sie entehrt, du hast ihren Vater entehrt. Ein schlechter Kerl, der sich an Weiber und Musikanten wagt, die noch weniger als Weiber sind.

PÄTUS. Ein schlechter Kerl?

FRITZ. Du sollst ihm öffentlich abbitten.

PÄTUS. Mit meinem Stock.

FRITZ. So werd ich dir in seinem Namen antworten.

PÄTUS *(schreit)*. Was willst du von mir?

FRITZ. Genugtuung für Rehaarn.

PÄTUS. Du wirst mich doch nicht zwingen wollen, einfältiger Mensch –

FRITZ. Ja, ich will dich zwingen, kein Schurke zu sein.

PÄTUS. Du bist einer – du musst dich mit mir schlagen.

FRITZ. Herzlich gern – wenn du Rehaarn nicht Satisfaktion gibst.

PÄTUS. Nimmermehr.

FRITZ. Es wird sich zeigen.

FÜNFTER AUFZUG

ERSTER AUFTRITT

Die Schule

Läuffer. Marthe, ein Kind auf dem Arm

MARTHE. Um Gottes willen! helft einer armen blinden Frau und einem unschuldigen Kinde, das seine Mutter verloren hat.

LÄUFFER *(gibt ihr was)*. Wie seid Ihr denn hergekommen, da Ihr nicht sehen könnt?

MARTHE. Mühselig genug. Die Mutter dieses Kindes war meine Leiterin; sie ging eines Tags aus dem Hause, zwei Tage nach ihrer Niederkunft, mittags ging sie fort und wollt' auf den Abend wiederkommen, sie soll noch wiederkommen. Gott schenk ihr die ewige Freud und Herrlichkeit!

LÄUFFER. Warum tut Ihr den Wunsch?

MARTHE. Weil sie tot ist, das gute Weib; sonst hätte sie ihr Wort nicht gebrochen. Ein Arbeitsmann vom Hügel ist mir begegnet, der hat sie sich in den Teich stürzen sehen. Ein alter Mann ist hinter ihr drein gewesen und hat sich nachgestürzt; das muss wohl ihr Vater gewest sein.

LÄUFFER. O Himmel! Welch ein Zittern – Ist das ihr Kind?

MARTHE. Das ist es; sehen Sie nur, wie rund es ist, von lauter Kohl und Rüben aufgefüttert. Was sollt' ich Arme machen; ich konnt' es nicht stillen, und da mein Vorrat auf war, macht' ich's wie Hagar, nahm das Kind auf die Schulter und ging auf Gottes Barmherzigkeit.

LÄUFFER. Gebt es mir auf den Arm – O mein Herz! – Dass ich's an mein Herz drücken kann – Du gehst mir auf, furchtbares Rätsel! *(Nimmt das Kind auf den Arm und tritt damit vor den Spiegel.)* Wie? dies wären nicht meine Züge? *(Fällt in Ohnmacht, das Kind fängt an zu schreien.)*

MARTHE. Fallt Ihr hin? *(Hebt das Kind vom Boden auf.)* Sußchen, mein liebes Sußchen! *(Das Kind beruhigt sich.)* Hört! was habt Ihr gemacht? Er antwortet nicht, ich muss doch um Hilfe rufen; ich glaube, ihm ist weh worden. *(Geht hinaus.)*

ZWEITER AUFTRITT

Ein Wäldchen vor Leipzig

Fritz von Berg und Pätus stehen mit gezogenem Degen. Rehaar

FRITZ. Wird es bald?

PÄTUS. Willst du anfangen?

FRITZ. Stoß du zuerst.

PÄTUS *(wirft den Degen weg)*. Ich kann mich mit dir nicht schlagen.

FRITZ. Warum nicht? Nimm ihn auf. Hab ich dich beleidigt, so muss ich dir Genugtuung geben.

PÄTUS. Du magst mich beleidigen, wie du willst, ich brauch keine Genugtuung von dir.

FRITZ. Du beleidigst mich.

PÄTUS *(rennt auf ihn zu und umarmt ihn)*. Liebster Berg! Nimm es für keine Beleidigung, wenn ich dir sage, du bist nicht imstande, mich zu beleidigen. Ich kenne dein Gemüt – und ein Gedanke daran macht mich zur feigsten Memme auf dem Erdboden. Lass uns gute Freunde bleiben, ich will mich gegen den Teufel selber schlagen, aber nicht gegen dich.

FRITZ. So gib Rehaarn Satisfaktion, eh' zieh ich nicht ab von hier.

PÄTUS. Das will ich herzlich gern, wenn er's verlangt.

FRITZ. Er ist immatrikuliert wie du; du hast ihn ins Gesicht geschlagen. – Frisch, Rehaar, zieht!

REHAAR *(zieht)*. Ja, aber er muss seinen Degen da nicht aufheben.

FRITZ. Sie sind nicht gescheit. Wollen Sie gegen einen Menschen ziehen, der sich nicht wehren kann?

REHAAR. Ei, lass die gegen bewehrte Leute ziehen, die Courage haben. Ein Musikus muss keine Courage haben, und, Herr Pätus, Er soll mir Satisfaktion geben. *(Stößt auf ihn zu, Pätus weicht zurück.)* Satisfaktion geben *(Stößt Pätus in den Arm. Fritz legiert ihm den Degen.)*

FRITZ. Jetzt seh ich, dass Sie Ohrfeigen verdienen, Rehaar. Pfui!

REHAAR. Ja, was soll ich denn machen, wenn ich kein Herz habe?

FRITZ. Ohrfeigen einstecken und das Maul halten.

PÄTUS. Still, Berg! ich bin nur geschrammt, Herr Rehaar, ich bitt um Verzeihung. Ich hätte Sie nicht schlagen sollen, da ich wusste, dass Sie nicht imstande waren, Genugtuung zu fordern; viel weniger hätt ich Ihnen Ursache geben sollen, mich zu schimpfen. Ich gesteh's, diese Rache ist noch viel zu gering für die Beleidigungen, die ich Ihrem Hause angetan; ich will sehen, sie auf eine bessere Weise gutzumachen, wenn das Schicksal meinen guten Vorsätzen beisteht. Ich will Ihrer Tochter nachreisen; ich will sie heiraten. In meinem Vaterlande wird sich schon eine Stelle für mich finden, und wenn auch mein Vater bei seinen Lebzeiten sich nicht besänftigen ließe, so ist mir doch eine Erbschaft von fünfzehntausend Gulden gewiss. *(Umarmt ihn.)* Wollen Sie mir Ihre Tochter bewilligen? –

REHAAR. Ei was! ich hab nichts dawider, wenn Ihr ordentlich und ehrlich um sie anhaltet und imstande seid, sie zu versorgen – Hahaha! hab ich's doch mein Tag gesagt: Mit den Studenten ist gut auskommen. Die haben doch noch Honettetät im Leibe, aber mit den Offiziers – die machen einem Mädchen ein Kind, und kräht nicht Hund oder Hahn nach; das macht, weil sie alle couraschöse Leute sein und sich müssen totschlagen lassen. Denn wer Courage hat, der ist zu allen Lastern fähig.

FRITZ. Sie sind ja auch Student. Kommen Sie; wir haben lange keinen Punsch zusammen gemacht; wir wollen auf die Gesundheit Ihrer Tochter trinken.

REHAAR. Ja, und Ihr Lautenkonzertchen dazu, Herr von Bergchen. Ich hab Ihnen jetzt drei Stund nacheinander geschwänzt, und weil ich auch honett denke, so will ich heute dafür drei Stunden nacheinander auf Ihrem Zimmerchen bleiben, und wollen Lautchen spielen, bis es dunkel wird.

PÄTUS. Und ich will die Violin dazu streichen.

DRITTER AUFTRITT

Die Schule

Läuffer liegt zu Bette. Wenzeslaus

WENZESLAUS. Dass Gott! Was gibt's schon wieder, dass Ihr mich von der Arbeit abrufen lasst? Seid Ihr schon wieder schwach? Ich glaube, das alte Weib war eine Hexe. – Seit der Zeit habt Ihr keine gesunde Stunde mehr.

LÄUFFER. Ich werd es wohl nicht lange mehr machen.

WENZESLAUS. Soll ich Gevatter Schöpsen rufen lassen?

LÄUFFER. Nein.

WENZESLAUS. Liegt Euch was auf dem Gewissen? Sagt mir's, entdeckt mir's, unverhohlen. – Ihr blickt so scheu umher, dass es einem ein Grauen einjagt; frigidus per ossa – Sagt mir, was ist's? – Als ob er jemand totgeschlagen hätte – Was verzerrt Ihr denn die Lineamenten so – Behüt Gott, ich muss doch nur zu Schöpsen –

LÄUFFER. Bleibt – Ich weiß nicht, ob ich recht getan – Ich habe mich kastriert ...

WENZESLAUS. Wa – Kastrier – Da mach ich Euch meinen herzlichen Glückwunsch drüber, vortrefflich, junger Mann, zweiter Origenes! Lass dich umarmen, teures, auserwähltes Rüstzeug! Ich kann's Euch nicht verhehlen, fast – fast kann ich dem Heldenvorsatz nicht widerstehen, Euch nachzuahmen. So recht, werter Freund! Das ist die Bahn, auf der Ihr eine Leuchte der Kirche, ein Stern erster Größe, ein Kirchenvater selber werden könnt. Ich beglückwünsche Euch, ich ruf Euch ein Jubilate und Evoë zu, mein geistlicher Sohn – Wär ich nicht über die Jahre hinaus, wo der Teufel unsern ersten und besten Kräften sein arglistiges Netz ausstellt, gewiss, ich würde mich keinen Augenblick bedenken –

LÄUFFER. Bei alledem, Herr Schulmeister, gereut es mich.

WENZESLAUS. Wie, es gereut Ihn? Das sei ferne, werter Herr Mitbruder! Er wird eine so edle Tat doch nicht mit törichter Reue verdunkeln und mit sündlichen Tränen besudeln? Ich seh schon welche über Sein Augenlid hervorquellen. Schluck Er sie wieder hinunter und sing Er mit Freudigkeit: Ich bin der Nichtigkeit entbunden, nun Flügel, Flügel, Flügel her. Er wird es doch nicht machen wie Lots Weib und sich wieder nach Sodom umsehen, nachdem Er einmal das friedfertige stille Zoar erreicht hat? Nein, Herr Kollege; ich muss Ihm auch nur sagen, dass Er nicht der Einzige ist, der den Gedanken gehabt hat. Schon unter den blinden Juden war eine Sekte, zu der ich mich gern öffentlich bekannt hätte, wenn ich nicht befürchtet', meine Nachbarn und meine armen Lämmer in der Schule damit zu ärgern. Auch hatten sie freilich einige Schlacken und Torheiten dabei, die ich nun eben nicht mitmachen möchte. Zum Exempel, dass sie des Sonntags nicht einmal ihre Notdurft verrichteten, welches doch wider alle Regeln einer vernünftigen Diät ist, und halt ich's da lieber mit unserm seligen Doktor Luther: Was hinaufsteigt, das ist für meinen lieben Gott, aber was hinuntergeht, Teufel, das ist für dich – Ja, wo war ich?

LÄUFFER. Ich fürchte, meine Bewegungsgründe waren von andrer Art ... Reue, Verzweiflung –

WENZESLAUS. Ja, nun hab ich's – Die Essäer, sag ich, haben auch nie Weiber genommen; es war eins von ihren Grundgesetzen, und dabei sind sie zu hohem Alter kommen, wie solches im Josephus zu lesen. Wie die es nun angefangen, ihr Fleisch zu bezähmen; ob sie es gemacht wie ich, nüchtern und mäßig gelebt und brav Tabak geraucht, oder ob sie Euren Weg eingeschlagen – So viel ist gewiss, in amore, in amore omnia insunt vitia, und ein Jüngling, der diese Klippe vorbeischifft, Heil, Heil ihm, ich will ihm Lorbeern zuwerfen; lauro tempora cingam et sublimi fronte sidera pulsabit.

LÄUFFER. Ich fürcht, ich werd an dem Schnitt sterben müssen.

WENZESLAUS. Mitnichten, da sei Gott für. Ich will gleich zu Gevatter Schöpsen. Der Fall wird ihm freilich noch nie vorgekommen sein, aber hat er Euch Euren Arm kuriert, welches doch eine Wunde war, die nicht zu Eurer Wohlfahrt diente, so wird ja Gott auch ihm Gnade zu einer Kur geben, die Euer ewiges Seelenheil befördern wird. *(Geht ab.)*

LÄUFFER. Sein Frohlocken verwundet mich mehr als mein Messer. O Unschuld, welch eine Perle bist du. Seit ich dich verloren, tat ich Schritt auf Schritt in der Leidenschaft und endigte mit Verzweiflung. Möchte dieser letzte mich nicht zum Tode führen, vielleicht könnt ich itzt wieder anfangen zu leben und zum Wenzeslaus wieder geboren werden.

VIERTER AUFTRITT

In Leipzig

Fritz von Berg und Rehaar begegnen sich auf der Straße

REHAAR. Herr von Bergchen, ein Briefchen, unter meinem Kuvert gekommen. Herr von Seiffenblase hat an mich geschrieben; hat auch Lautchen gelernt bei mir vormals. Er bittet mich, ich soll doch diesen Brief einem gewissen Herrn von Berg in Leipzig abgeben, wenn er anders noch da wäre. – Oh, wie bin ich gesprungen!

FRITZ. Wo hält er sich denn itzt auf – Seiffenblase?

REHAAR. Soll es dem Herrn von Berg abgeben, schreibt er, wenn Sie anders diesen würdigen Mann kennen. Oh, wie bin ich gesprungen – Er ist in Königsberg, der Herr von Seiffenblase. Was meinen Sie, und meine Tochter ist auch da und logiert ihm grad gegenüber. Sie schreibt mir, die Kathrinchen, dass sie nicht genug rühmen kann, was er ihr für Höflichkeit erzeigt, alles um meinetwillen; hat sieben Monat bei mir gelernt.

FRITZ *(zieht die Uhr heraus)*. Liebster Rehaar, ich muss ins Kol-

legium – Sagen Sie Pätus nichts davon, ich bitte Sie. – *(Geht ab.)*
REHAAR *(ruft ihm nach)*. Auf den Nachmittag – Konzertchen!

FÜNFTER AUFTRITT

Zu Königsberg in Preußen

Geheimer Rat, Gustchen, Major stehen in ihrem Hause am Fenster

GEHEIMER RAT. Ist er's?
GUSTCHEN. Ja, er ist's.
GEHEIMER RAT. Ich sehe doch, die Tante muss ein liederliches Mensch sein, oder sie hat einen Hass auf ihre Nichte geworfen und will sie mit Fleiß ins Verderben stürzen.
GUSTCHEN. Aber Onkel, sie kann ihm doch das Haus nicht verbieten.
GEHEIMER RAT. Auf das, was ich ihr gesagt? – Wer will's ihr übel nehmen, wenn sie zu ihm sagte: Herr von Seiffenblase, Sie haben sich auf einem Kaffeehause verlauten lassen, Sie wollten meine Nichte zu Ihrer Mätresse machen, suchen Sie sich andre Bekanntschaften in der Stadt; bei mir kommen Sie unrecht; meine Nichte ist eine Ausländerin, die meiner Aufsicht anvertraut ist, die sonst keine Stütze hat; wenn sie verführt würde, fiel alle Rechenschaft auf mich. Gott und Menschen müssten mich verdammen.
MAJOR. Still, Bruder! Er kommt heraus und lässt die Nase erbärmlich hängen. Hohoho, dass du die Krepanz! Wie blass er ist.
GEHEIMER RAT. Ich will doch gleich hinüber und sehn, was es gegeben hat.

SECHSTER AUFTRITT

In Leipzig

Pätus, an einem Tisch und schreibt. Berg tritt herein, einen Brief in der Hand

PÄTUS *(sieht auf und schreibt fort)*.
FRITZ. Pätus! – Hast du zu tun?

PÄTUS. Gleich – *(Fritz spaziert auf und ab.)* Jetzt – *(Legt das Schreibzeug weg.)*

FRITZ. Pätus! Ich hab einen Brief bekommen – und hab nicht das Herz, ihn aufzumachen.

PÄTUS. Von wo kommt er? Ist's deines Vaters Hand?

FRITZ. Nein, von Seiffenblase – Aber die Hand zittert mir, sobald ich erbrechen will. Brich doch auf, Bruder, und lies mir vor. *(Wirft sich auf einen Lehnstuhl.)*

PÄTUS *(liest)*. „Die Erinnerung so mancher angenehmen Stunden, deren ich mich noch mit Ihnen genossen zu haben erinnere, verpflichtet mich, Ihnen zu schreiben und Sie an diese angenehmen Stunden zu erinnern" – Was der Junge für eine rasende Orthographie hat.

FRITZ. Lies doch nur –

PÄTUS. „Und weil ich mich verpflichtet hielt, Ihnen Nachrichten von meiner Ankunft und den Neuigkeiten, die allhier vorgefallen, zu geben, als melde Ihnen von Dero wertesten Familie, welche leider sehr viele Unglücksfälle in diesem Jahre erlebt hat, und wegen der Freundschaft, welche ich in Dero Eltern ihrem Hause genossen, sehe ich mich verpflichtet, weil ich weiß, dass Sie mit Ihrem Herrn Vater in Missverständnis und er Ihnen lange wohl nicht wird geschrieben haben, so werden Sie auch wohl den Unglücksfall nicht wissen mit dem Hofmeister, welcher aus Ihres gnädigen Onkels Hause ist gejagt worden, weil er Ihre Kusine genotzüchtigt, worüber sie sich so zu Gemüt gezogen, dass sie in einen Teich gesprungen, durch welchen Trauerfall Ihre ganze Familie in den höchsten Schrecken" – Berg! was ist dir? – *(Begießt ihn mit Lavendel.)* Wie nun, Berg? Rede, wird dir weh – Hätt ich dir doch den verdammten Brief nicht – Ganz gewiss ist's eine Erdichtung – Berg! Berg!

FRITZ. Lass mich – Es wird schon übergehn.

PÄTUS. Soll ich jemand holen, der dir die Ader schlägt?

FRITZ. O pfui doch – tu doch so französisch nicht – Lies mir's noch einmal vor.

PÄTUS. Ja, ich werde dir – Ich will den hundsföttischen maliziösen Brief den Augenblick – *(Zerreißt ihn.)*

FRITZ. Genotzüchtigt – ersäuft *(schlägt sich an die Stirn)*. Meine Schuld! *(steht auf)* Meine Schuld einzig und allein –

PÄTUS. Du bist wohl nicht klug – Willst dir die Schuld geben, dass sie sich vom Hofmeister verführen lässt.

FRITZ. Pätus, ich schwur ihr, zurückzukommen, ich schwur ihr – Die drei Jahre sind verflossen, ich bin nicht gekommen, ich bin aus Halle fortgegangen, mein Vater hat keine Nachrichten von mir gehabt. Mein Vater hat mich aufgegeben, sie hat es erfahren, Gram – Du kennst ihren Hang zur Melancholie –, die Strenge ihrer Mutter obenein, Einsamkeit, auf dem Lande, betrogene Liebe – Siehst du das nicht ein, Pätus, siehst du das nicht ein? Ich bin ein Bösewicht: Ich bin schuld an ihrem Tode. *(Wirft sich wieder in den Stuhl und verhüllt sein Gesicht.)*

PÄTUS. Einbildungen! – Es ist nicht wahr, es ist so nicht gegangen. *(Stampft mit dem Fuß.)* Tausend Sapperment, dass du so dumm bist und alles glaubst; der Spitzbube, der Hundsfott, der Bärenhäuter, der Seiffenblase will dir einen Streich spielen – Lass mich ihn einmal zu sehen kriegen! – Es ist nicht wahr, dass sie tot ist, und wenn sie tot ist, so hat sie sich nicht selbst umgebracht.

FRITZ. Er kann doch das nicht aus der Luft saugen – Selbst umgebracht – *(Springt auf.)* Oh, das ist entsetzlich!

PÄTUS *(stampft abermals mit dem Fuß)*. Nein, sie hat sich selbst nicht umgebracht, Seiffenblase lügt; wir müssen mehr Bestätigung haben; du weißt, dass du ihm einmal im Rausch erzählt hast, dass du in deine Kusine verliebt wärst; siehst du, das hat die maliziöse Kanaille aufgefangen – Aber weißt du was; weißt du, was du tust? Hust ihm was; pfeif ihm was; pfui ihm was; schreib ihm: Ew. Edeln danke dienstfreundlichst für Dero Neuigkeiten und bitte, Sie wollen mich im – Das ist der beste Rat, schreib ihm zurück: Ihr seid ein Hundsfott. Das ist das Vernünftigste, was du bei der Sache tun kannst.

FRITZ. Ich will nach Hause reisen.

PÄTUS. So reis ich mit dir – Berg, ich lass dich keinen Augenblick allein.

FRITZ. Aber wovon? Reisen ist bald ausgesprochen – Wenn ich keine abschlägige Antwort befürchtete, so wollt ich es bei Leichtfuß & Kompanie versuchen, aber ich bin ihnen schon hundertfünfzig Dukaten schuldig.

PÄTUS. Wir wollen beide zusammen hingehn – Wart, wir müssen die Lotterie vorbei. Heut ist die Post aus Hamburg angekommen, ich will doch unterwegs nachfragen; zum Spaß nur –

SIEBENTER AUFTRITT

In Königsberg

Geheimer Rat führt Jungfer Rehaar an der Hand. Augustchen. Major

GEHEIMER RAT. Hier, Gustchen, bring ich dir eine Gespielin. Ihr seid in *einem* Alter, *einem* Verhältnisse – Gebt euch die Hand und seid Freundinnen.

GUSTCHEN. Das bin ich lange gewesen, liebe Mamsell! Ich weiß nicht, was es war, das in meinem Busen auf- und abstieg, wenn ich Sie aus dem Fenster sah; aber Sie waren in so viel Zerstreuungen verwickelt, so mit Kutschenbesuchen und Serenaden belästigt, dass ich mit meinem Besuch zu unrechter Zeit zu kommen fürchtete.

JUNGFER REHAAR. Ich wäre Ihnen zuvorgekommen, gnädiges Fräulein, wenn ich das Herz gehabt. Allein in ein so vornehmes Haus mich einzudrängen, hielt ich für unbesonnen, und musste dem Zuge meines Herzens, das mich schon oft bis vor Ihre Tür geführt hat, allemal mit Gewalt widerstehen.

GEHEIMER RAT. Stell dir vor, Major, der Seiffenblase hat auf die Warnung, die ich der Frau Dutzend tat und die sie ihm wiedererzählt hat, und zwar, wie ich's verlangt, unter meinem Namen, geantwortet: Er werde sich schon an mir zu rächen wissen. Er hat alles das so gut von sich abzulehnen gewusst und ist gleich tags darauf mit dem Minister Deichsel hingefahren kommen, dass die arme Frau das Herz nicht gehabt, sich seine Besuche zu verbitten. Gestern Nacht hat er zwei Wagen in diese Straße bestellt und einen am Brandenburger Tor, das wegen des Feuerwerks offen blieb, das erfährt die Madame gestern Vormittag schon. Den Nachmittag will er für Henkers Gewalt die Mamsell überreden, mit ihm zum Minister auf die Assemblee zu fahren, aber Madame Dutzend traute dem Frieden nicht und hat's ihm rund abgeschlagen. Zweimal ist er vor die Tür gefahren, aber er hat wieder umkehren müssen; da seine Karte also verzettelt war, wollt er's heut probieren. Madame Dutzend hat ihm nicht allein das Haus verboten, sondern zugleich angedeutet, sie sehe sich genötigt, sich vom Gouverneur Wache vor ihrem Hause auszubitten. Da hat er Flammen gespien, hat mit dem Minister gedroht – Um die Madame völlig zu beruhigen, habe ich ihr angetragen, die Mamsell in unser Haus zu nehmen. Wir wollen sie auf ein halb Jahr nach Insterburg mitnehmen, bis

Seiffenblase sie vergessen hat, oder so lang, als es ihr selber nur da gefallen kann –

MAJOR. Ich hab schon anspannen lassen. Wenn wir nach Heidelbrunn fahren, Mamsell, so lass ich Sie nicht los. Sie müssen mit, oder meine Tochter bleibt mit Ihnen in Insterburg.

GEHEIMER RAT. Das wär wohl am besten. Ohnehin taugt das Land für Gustchen nicht, und Mamsell Rehaar lass ich nicht von mir.

MAJOR. Gut, dass deine Frau dich nicht hört – oder hast du Absichten für deinen Sohn?

GEHEIMER RAT. Mach das gute Kind nicht rot. Sie werden ihn in Leipzig oft genug müssen gesehen haben, den bösen Buben. Gustchen, du wirst zur Gesellschaft mit rot? Er verdient's nicht.

GUSTCHEN. Da mein Vater mir vergeben hat, sollte Ihr Sohn ein minder gütiges Herz bei Ihnen finden?

GEHEIMER RAT. Er ist auch noch in keinen Teich gesprungen.

MAJOR. Wenn wir nur das blinde Weib mit dem Kinde ausfindig gemacht hätten, von dem mir der Schulmeister schreibt, eh' kann ich nicht ruhig werden – Kommt! ich muss noch heut auf mein Gut.

GEHEIMER RAT. Daraus wird nichts. Du musst die Nacht in Insterburg schlafen.

ACHTER AUFTRITT

Leipzig. Bergs Zimmer.

Fritz von Berg sitzt, die Hand untern Kopf gestützt. Pätus stürzt herein

PÄTUS. Triumph, Berg! Was kalmäuserst du? – Gott! Gott! *(Greift sich an den Kopf und fällt auf die Knie.)* Schicksal! Schicksal! – Nicht wahr, Leichtfuß hat dir nichts vorschießen wollen? Lass ihn dich – Ich hab Geld, ich hab alles – Dreihundertachtzig Friedrichsd'or gewonnen auf einen Zug! *(Springt auf und schreit.)* Heidideldum, nach Insterburg! Pack ein!

FRITZ. Bist du närrisch worden?

PÄTUS *(zieht einen Beutel mit Gold hervor und wirft alles auf die Erde)*. Da ist meine Narrheit. Du bist ein Narr mit deinem Unglauben – Nur hilf auflesen; bück dich etwas – und heut noch nach Insterburg, juchhe! *(Lesen auf.)* Ich will meinem Vater die achtzig Friedrichsd'or schenken, so viel betrug grad mein letzter Wechsel, und zu ihm sagen: Nun, Herr Papa, wie gefall ich Ihnen itzt? All deine Schulden können wir bezahlen, und meine obenein, und dann reisen wir wie die Prinzen, juchhe!

NEUNTER AUFTRITT

Die Schule

Wenzeslaus. Läuffer. Beide in schwarzen Kleidern

WENZESLAUS. Wie hat Ihm die Predigt gefallen, Kollege? Wie hat Er sich erbaut?

LÄUFFER. Gut, recht gut. *(Seufzt.)*

WENZESLAUS *(nimmt seine Perücke ab und setzt eine Nachtmütze auf)*. Damit ist's nicht ausgemacht. Er soll mir sagen, welche Stelle aus der Predigt vorzüglich gesegnet an seinem Herzen gewesen. Hör Er – setz Er sich. Ich muss Ihm was sagen; ich hab eine Anmerkung in der Kirche gemacht, die mich gebeugt hat. Er hat mir da so wetterwendisch gesessen, dass ich mich Seiner, die Wahrheit zu sagen, vor der ganzen Gemeinde geschämt habe und dadurch oft fast aus meinem Konzept kommen bin. Wie, dacht' ich, dieser junge Kämpfer, der so ritterlich durchgebrochen und den schwersten Strauß schon gewissermaßen überwunden hat – Ich muss es ihm bekennen: Er hat mich geärgert; σκάνδαλον ἐδίδους ἑταῖρε! Ich hab's wohl gemerkt, wohin es ging, ich hab's wohl gemerkt; immer nach der mittlern Tür zu, da nach der Orgel hinunter.

LÄUFFER. Ich muss bekennen, es hing ein Gemälde dort, das mich ganz zerstreut hat. Der Evangelist Markus mit einem Gesicht, das um kein Haar menschlicher aussah als der Löwe, der bei ihm saß, und der Engel beim Evangelisten Matthäus, eher einer geflügelten Schlange ähnlich.

WENZESLAUS. Es war nicht das, mein Freund! Bild Er mir's nicht ein; es war nicht das. Sag Er mir doch, ein Bild sieht man an und sieht wieder weg, und dann ist's alles. Hat Er denn gehört, was ich gesagt habe? Weiß Er mir *ein* Wort aus meiner Predigt wieder anzuführen? Und sie war doch ganz für Ihn gehalten; ganz kasuistisch – Oh! oh! oh!

LÄUFFER. Der Gedanke gefiel mir vorzüglich, dass zwischen unserer Seele und ihrer Wiedergeburt und zwischen dem Flachs- und Hanfbau eine große Ähnlichkeit herrsche, und so wie der Hanf im Schneidebrett durch heftige Stöße und Klopfen von seiner alten Hülse befreit werden müsse, so müsse unser Geist auch durch allerlei Kreuz und Leiden und Ertötung der Sinnlichkeit für den Himmel zubereitet werden.

WENZESLAUS. Er war kasuistisch, mein Freund –

LÄUFFER. Doch kann ich Ihnen auch nicht bergen, dass Ihre Liste von Teufeln, die aus dem Himmel gejagt worden, und die Geschichte der ganzen Revolution da, dass Luzifer sich für den schönsten gehalten – Die heutige Welt ist über den Aberglauben längst hinweg; warum will man ihn wieder aufwärmen? In der ganzen heutigen vernünftigen Welt wird kein Teufel mehr statuiert –

WENZESLAUS. Darum wird auch die ganze heutige vernünftige Welt zum Teufel fahren. Ich mag nicht verdammen, lieber Herr Mandel; aber das ist wahr, wir leben in seelenverderblichen Zeiten: Es ist die letzte böse Zeit. Ich mag mich drüber weiter nicht auslassen; ich seh wohl, Er ist ein Zweifler auch, und auch solche Leute muss man tragen. Er wird schon kommen; Er ist noch jung – aber gesetzt auch, posito auch, aber nicht zugestanden, unsere Glaubenslehren wären all Aberglauben, über Geister, über Höll, über Teufel, da – Was tut's Euch, was beißt's Euch, dass Ihr Euch so mit Händen und Füßen dagegen wehrt? Tut nichts Böses, tut recht, und dann so braucht Ihr die Teufel nicht zu scheuen, und wenn ihrer mehr wären wie Ziegel auf dem Dach, wie der selige Lutherus sagt. Und Aberglauben – O schweigt still, schweigt still, lieben Leut! Erwägt erst mit reifem Nachdenken, was der Aberglaube bisher für Nutzen gestiftet hat, und dann habt mir noch das Herz, mit Euren nüchternen Spötteleien gegen mich anzuziehen. Rottet mir den Aberglauben aus, ja wahrhaftig, der rechte Glaube wird mit draufgehen und ein nacktes Feld dableiben. Aber ich weiß jemand, der gesagt hat, man soll beides wachsen lassen, es wird schon die Zeit kommen, da Kraut sich von dem Unkraut scheiden wird. Aberglauben – Nehmt dem Pöbel seinen Aberglauben, er wird freigeistern wie Ihr und Euch vor den Kopf schlagen. Nehmt dem Bauer seinen Teufel, und er wird ein Teufel gegen seine Herrschaft werden und ihr beweisen, dass es welche gibt. Aber wir wollen das beiseite setzen – Wovon red't ich doch? – Recht, sag Er mir, wen hat Er angesehn in der ganzen Predigt? Verhehl Er mir nichts. Ich war es nicht, denn sonst müsst Er schielen, dass es eine Schande wäre.

LÄUFFER. Das Bild.

WENZESLAUS. Es war nicht das Bild. – Dort unten, wo die

Mädchen sitzen, die bei Ihm in die Kinderlehre gehen – Lieber Freund, es wird doch nichts vom alten Sauerteig in Seinem Herzen geblieben sein? – Ei, ei! Wer einmal geschmeckt hat die Kräfte der zukünftigen Welt – Ich bitt Ihn, mir stehn die Haare zu Berge – Nicht wahr, die eine da mit dem gelben Haar, so nachlässig unter das rote Häubchen gesteckt, und mit den lichtbraunen Augen, die allemal unter den schwarzen Augenbrauen so schalkhaft hervorblinzen wie die Sterne hinter Regenwolken. Es ist wahr, das Mädchen ist gefährlich; ich hab's nur einmal von der Kanzel angesehen und musste hernach allemal die Augen platt zudrücken, wenn sie auf sie fielen, sonst wär mir's gegangen wie den weisen Männern im Areopagus, die Recht und Gerechtigkeit vergaßen um einer schnöden Phryne willen. – Aber sag Er mir doch, wo will Er hin, dass Er sich noch bösen Begierden überlässt, da's Ihm sogar an Mitteln fehlt, sie zu befriedigen? Will Er sich dem Teufel ohne Sold dahingeben? Ist das das Gelübd, das Er dem Herrn getan? – Ich rede als Sein geistlicher Vater mit Ihm – Er, der itzt mit so wenig Mühe über alle Sinnlichkeit triumphieren, über die Erde sich hinausschwingen und besseren Revieren zufliegen könnte. *(Umarmt ihn.)* Ach, mein lieber Sohn, bei diesen Tränen, die ich aus wahrer herzlicher Sorgfalt für Ihn vergieße, kehr Er nicht zu den Fleischtöpfen Ägyptens zurück, da er Kanaan so nahe war! Eile, eile! Rette deine unsterbliche Seele! Du hast auf der Welt nichts, das dich mehr zurückhalten könnte. Die Welt hat nichts mehr für dich, womit sie deine Untreu dir einmal belohnen könnte; nicht einmal eine sinnliche Freude, geschweige denn Ruhe der Seelen – Ich geh und überlasse dich deinen Entschließungen. *(Geht ab.)*

(Läuffer bleibt in tiefen Gedanken sitzen.)

ZEHNTER AUFTRITT

Lise tritt herein, ein Gesangbuch in der Hand, ohne dass er sie gewahr wird. Sie sieht ihm lang stillschweigend zu. Er springt auf, will knien, wird sie gewahr und sieht sie eine Weile verwirrt an

LÄUFFER *(nähert sich ihr)*. Du hast eine Seele dem Himmel gestohlen. *(Fasst sie an der Hand.)* Was führt dich hieher, Lise?

LISE. Ich komme, Herr Mandel – ich komme, weil Sie gesagt haben, es würd morgen keine Kinderlehre – weil Sie – so komm ich – gesagt haben – ich komme, zu fragen, ob morgen Kinderlehre sein wird.

LÄUFFER. Ach! – – Seht diese Wangen, ihr Engel! Wie sie in unschuldigem Feuer brennen, und dann verdammt mich, wenn ihr könnt – – Lise, warum zittert deine Hand? Warum sind dir die Lippen so bleich und die Wangen so rot? Was willst du?

LISE. Ob morgen Kinderlehr sein wird?

LÄUFFER. Setz dich zu mir nieder – Leg dein Gesangbuch weg – Wer steckt dir das Haar auf, wenn du nach der Kirche gehst? *(Setzt sie auf einen Stuhl neben seinem.)*

LISE *(will aufstehen)*. Verzeih Er mir; die Haube wird wohl nicht recht gesteckt sein; es macht' einen so erschrecklichen Wind, als ich zur Kirche kam.

LÄUFFER *(nimmt ihre beiden Hände in seine Hand)*. Oh, du bist – Wie alt bist du, Lise – Hast du niemals – Was wollt ich fragen – Hast du nie Freier gehabt?

LISE *(munter)*. O ja, einen, noch die vorige Woche; und des Schafwirts Grete war so neidisch auf mich und hat immer gesagt: Ich weiß nicht, was er sich um das einfältige Mädchen so viel Mühe macht, und dann hab ich auch noch einen Offizier gehabt; es ist noch kein Vierteljahr.

LÄUFFER. Einen Offizier?

LISE. Ja doch, und einer von den recht vornehmen. Ich sag Ihnen, er hat drei Tressen auf dem Arm gehabt; aber ich war noch zu jung, und mein Vater wollt' mich ihm nicht geben wegen des soldatischen Wesens und Ziehens.

LÄUFFER. Würdest du – Oh, ich weiß nicht, was ich rede – Würdest du wohl – Ich Elender!

LISE. O ja, von ganzem Herzen.

LÄUFFER. Bezaubernde! – *(Will ihr die Hand küssen.)* Du weißt ja noch nicht, was ich fragen wollte. –

LISE *(zieht sie weg)*. Oh, lassen Sie, meine Hand ist ja so schwarz – O pfui doch! Was machen Sie? Sehen Sie, einen geistlichen Herrn hätt ich allewege gern; von meiner ersten Jugend an hab ich die studierte Herren immer gern gehabt; sie sind alleweil so artig, so manierlich, nicht so puff paff wie die Soldaten, obschon ich einewege die auch gern habe, das leugn ich nicht, wegen ihrer bunten Röcke; ganz gewiss, wenn die geistlichen Herren in so bunten Röcken gingen wie die Soldaten, das wäre zum Sterben.

LÄUFFER. Lass mich deinen mutwilligen Mund mit meinen Lippen zuschließen. *(Küsst sie.)* O Lise! Wenn du wüsstest, wie unglücklich ich bin.

LISE. O pfui, Herr, was machen Sie?

LÄUFFER. Noch einmal und dann ewig nicht wieder!

(Küsst sie. Wenzeslaus tritt herein.)

WENZESLAUS. Was ist das? Pro deum atque hominum fidem! Wie nun, falscher, falscher, falscher Prophet! Reißender Wolf in Schafskleidern! Ist das die Sorgfalt, die du deiner Herde schuldig bist? Die Unschuld selber verführen, die du vor Verführung bewahren sollst? Es muss ja Ärgernis kommen, doch wehe dem Menschen, durch welchen Ärgernis kommt!

LÄUFFER. Herr Wenzeslaus!

WENZESLAUS. Nichts mehr! Kein Wort mehr! Ihr habt Euch in Eurer wahren Gestalt gezeigt. Aus meinem Hause, Verführer!

LISE *(kniet vor Wenzeslaus)*. Lieber Herr Schulmeister, er hat mir nichts Böses getan.

WENZESLAUS. Er hat dir mehr Böses getan, als dir dein ärgster Feind tun könnte. Er hat dein unschuldiges Herz verführt.

LÄUFFER. Ich bekenne mich schuldig. – Aber kann man so vielen Reizungen widerstehen? Wenn man mir dies Herz aus dem Leibe risse und mich Glied vor Glied verstümmelte und ich behielt nur eine Ader von Blut noch übrig, so würde diese verräterische Ader doch für Lisen schlagen.

LISE. Er hat mir nichts Leides getan.

WENZESLAUS. Dir nichts Leides getan – Himmlischer Vater!

LÄUFFER. Ich hab ihr gesagt, dass sie die liebenswürdigste Kreatur sei, die jemals die Schöpfung beglückt hat; ich hab ihr das auf ihre Lippen gedrückt; ich hab diesen unschuldigen Mund mit meinen Küssen versiegelt, welcher mich sonst durch seine Zaubersprache zu noch weit größeren Verbrechen würde hingerissen haben.

WENZESLAUS. Ist das kein Verbrechen? Was nennt Ihr jungen Herrn heutzutage Verbrechen? O tempora, o mores! Habt Ihr den Valerius Maximus gelesen? Habt Ihr den Artikel gelesen de pudicitia? Da führt er einen Mänius an, der seinen Freigelassenen totgeschlagen hat, weil er seine Tochter einmal küsste, und die Räson: ut etiam oscula ad maritum sincera perferret. Riecht Ihr das? Schmeckt Ihr das? Etiam oscula, non solum virginitatem, etiam oscula. Und Mänius war doch nur ein Heide; was soll ein Christ tun, der weiß, dass der Ehstand von Gott eingesetzt ist und dass die Glückseligkeit eines solchen Standes an der Wurzel vergiften, einem künftigen Gatten in seiner Gattin seine Freud und Trost verderben, seinen Himmel profanieren – Fort, aus meinen Augen, Ihr Bösewicht! Ich mag mit Euch nichts zu tun haben! Geht zu einem Sultan und lasst Euch zum Aufseher über ein Serail dingen, aber nicht zum Hirten meiner Schafe, Ihr Mietling! Ihr reißender Wolf in Schafskleidern!

LÄUFFER. Ich will Lisen heiraten.

WENZESLAUS. Heiraten – Ei ja doch – Als ob sie mit einem Eunuch zufrieden?

LISE. O ja, ich bin's herzlich wohl zufrieden, Herr Schulmeister.

LÄUFFER. Ich Unglücklicher!

LISE. Glauben Sie mir, lieber Herr Schulmeister, ich lass einmal nicht von ihm ab. Nehmen Sie mir das Leben: Ich lasse nicht ab von ihm. Ich hab ihn gern, und mein Herz sagt mir, dass ich niemand auf der Welt so gern haben kann als ihn.

WENZESLAUS. So – dass doch – Lise, du verstehst das Ding nicht – Lise, es lässt sich dir so nicht sagen, aber du kannst ihn nicht heiraten; es ist unmöglich.

LISE. Warum soll es denn unmöglich sein, Herr Schulmeister? Wie kann's unmöglich sein, wenn ich will und wenn er will und mein Vater auch es will? Denn mein Vater hat mir immer gesagt, wenn ich einmal einen geistlichen Herrn bekommen könnte –

WENZESLAUS. Aber, dass dich der Kuckuck, er kann ja nichts – Gott verzeih mir meine Sünde, so lass dir doch sagen.

LÄUFFER. Vielleicht fordert sie das nicht – Lise, ich kann bei dir nicht schlafen.

LISE. So kann Er doch wachen bei mir, wenn wir nur den Tag über beisammen sind und uns so anlachen und uns einstweilen die Hände küssen – Denn bei Gott! ich hab Ihn gern. Gott weiß es, ich hab Ihn gern.

LÄUFFER. Sehen Sie, Herr Wenzeslaus, sie verlangt nur Liebe von mir. Und ist's denn notwendig zum Glück der Ehe, dass man tierische Triebe stillt?

WENZESLAUS. Ei was – Connubium sine prole est quasi dies sine sole ... Seid fruchtbar und mehret euch, steht in Gottes Wort. Wo Eh ist, müssen auch Kinder sein.

LISE. Nein, Herr Schulmeister, ich schwör's Ihm, in meinem Leben möcht ich keine Kinder haben. Ei ja doch, Kinder! Was Sie nicht meinen! Damit wär mir auch wohl groß gedient, wenn ich noch Kinder dazu bekäme. Mein Vater hat Enten und Hühner genug, die ich alle Tage füttern muss; wenn ich noch Kinder obenein füttern müsste ...

LÄUFFER *(küsst sie)*. Göttliche Lise!

WENZESLAUS *(reißt sie voneinander)*. Ei was denn! Was denn! Vor meinen Augen? – So kriecht denn zusammen; meinetwegen: weil doch Heiraten besser ist als Brunst leiden – Aber mit uns, Herr Mandel, ist es aus: Alle große Hoffnungen, die ich mir von Ihm gemacht, alle große Erwartungen, die mir Sein Heldenmut einflößte – Gütiger Himmel! wie weit ist doch noch die Kluft, die zwischen einem Kirchenvater und zwischen einem Kapaun befestigt ist. Ich dacht, er sollte Origenes der Zweite – O homuncio, homuncio! Das müsst ein ganz andrer Mann sein, der aus Absicht und Grundsätzen den Weg einschlüge, um ein Pfeiler unsrer sinkenden Kirche zu werden. Ein ganz anderer Mann! Wer weiß, was noch einmal geschieht! *(Geht ab.)*

LÄUFFER. Komm zu deinem Vater, Lise! Seine Einwilligung noch, und ich bin der glücklichste Mensch auf dem Erdboden!

ELFTER AUFTRITT

Zu Insterburg

Geheimer Rat. Fritz von Berg. Pätus. Gustchen. Jungfer Rehaar. Gustchen und Jungfer Rehaar verstecken sich bei der Ankunft der erstern in die Kammer. Geheimer Rat und Fritz laufen sich entgegen

FRITZ *(fällt vor ihm auf die Knie)*. Mein Vater!

GEHEIMER RAT *(hebt ihn auf und umarmt ihn)*. Mein Sohn!

FRITZ. Haben Sie mir vergeben?

GEHEIMER RAT. Mein Sohn!

FRITZ. Ich bin nicht wert, dass ich Ihr Sohn heiße.

GEHEIMER RAT. Setz dich; denk mir nicht mehr dran. Aber, wie hast du dich in Leipzig erhalten? Wieder Schulden auf meine Rechnung gemacht? Nicht? und wie bist du fortkommen?

FRITZ. Dieser großmütige Junge hat alles für mich bezahlt.

GEHEIMER RAT. Wie denn?

PÄTUS. Dieser noch großmütigere – Oh, ich kann nicht reden.

GEHEIMER RAT. Setzt euch, Kinder; sprecht deutlicher. Hat Ihr Vater sich mit Ihnen ausgesöhnt, Herr Pätus?

PÄTUS. Keine Zeile von ihm gesehen.

GEHEIMER RAT. Und wie habt ihr's denn beide gemacht?

PÄTUS. In der Lotterie gewonnen, eine Kleingkeit – aber es kam uns zustatten, da wir herreisen wollten.

GEHEIMER RAT. Ich seh, ihr wilde Burschen denkt besser als eure Väter. Was hast du wohl von mir gedacht, Fritz. Aber man hat dich auch bei mir verleumdet.

PÄTUS. Seiffenblase gewiss?

GEHEIMER RAT. Ich mag ihn nicht nennen, das gäbe Katzbalgereien, die hier am unrechten Orte wären.

PÄTUS. Seiffenblase! Ich lass mich hängen.

GEHEIMER RAT. Aber was führt dich denn nach Hause zurück, eben jetzt, da –

FRITZ. Fahren Sie fort – Oh, das *eben jetzt*, mein Vater! *Das eben jetzt* ist's, was ich wissen wollte.

GEHEIMER RAT. Was denn? Was denn?

FRITZ. Ist Gustchen tot?

GEHEIMER RAT. Holla, der Liebhaber! – Was veranlasst dich, so zu fragen?

FRITZ. Ein Brief von Seiffenblase.

GEHEIMER RAT. Er hat dir geschrieben, sie wäre tot?

FRITZ. Und entehrt dazu.

PÄTUS. Es ist ein verleumderischer Schurke!

GEHEIMER RAT. Kennst du eine Jungfer Rehaar in Leipzig?

FRITZ. O ja, ihr Vater war mein Lautenmeister.

GEHEIMER RAT. Die hat er entehren wollen; ich hab sie von seinen Nachstellungen errettet; das hat ihn uns Feind gemacht.

PÄTUS *(steht auf)*. Jungfer Rehaar – der Teufel soll ihn holen.

GEHEIMER RAT. Wo wollen Sie hin?

PÄTUS. Ist er in Insterburg?

GEHEIMER RAT. Nein doch. – Nehmen Sie sich der Prinzessinnen nicht zu eifrig an, Herr Ritter von der runden Tafel! Oder haben Sie Jungfer Rehaar auch gekannt?

PÄTUS. Ich? Nein, ich habe sie nicht gekannt – Ja, ich habe sie gekannt.

GEHEIMER RAT. Ich merke – – Wollen Sie nicht auf einen Augenblick in die Kammer spazieren? *(Führt ihn an die Tür.)*

PÄTUS *(macht auf und fährt zurück, sich mit beiden Händen an den Kopf greifend)*. Jungfer Rehaar – zu Ihren Füßen – *(hinter der Szene)* Bin ich so glücklich? oder ist's nur ein Traum? Ein Rausch? – Eine Bezauberung? –

GEHEIMER RAT. Lassen wir ihn! – *(Kehrt zu Fritz.)* Und du denkst noch an Gustchen?

FRITZ. Sie haben mir das furchtbare Rätsel noch nicht aufgelöst. Hat Seiffenblase gelogen?

GEHEIMER RAT. Ich denke, wir reden hernach davon; wir wollen uns die Freud itzt nicht verderben.

FRITZ *(kniend)*. O mein Vater, wenn Sie noch Zärtlichkeit für mich haben, lassen Sie mich nicht zwischen Himmel und Erde, zwischen Hoffnung und Verzweiflung schweben. Darum bin ich gereist; ich konnte die qualvolle Ungewissheit nicht länger aushalten. Lebt Gustchen? Ist's wahr, dass sie entehrt ist?

GEHEIMER RAT. Es ist leider nur eine zu traurige Wahrheit.

FRITZ. Und hat sich in einen Teich gestürzt?

GEHEIMER RAT. Und ihr Vater hat sich ihr nachgestürzt.

FRITZ. So falle denn, Henkers Beil – Ich bin der Unglücklichste unter den Menschen!

GEHEIMER RAT. Steh auf! Du bist unschuldig daran.

FRITZ. Nie will ich aufstehen. *(Schlägt sich an die Brust.)* Schuldig war ich; einzig und allein schuldig. Gustchen, seliger Geist, verzeihe mir!

GEHEIMER RAT. Und was hast du dir vorzuwerfen?

FRITZ. Ich habe geschworen, falsch geschworen – Gustchen! wär es erlaubt, dir nachzuspringen! *(Steht hastig auf.)* Wo ist der Teich?

GEHEIMER RAT. Hier! *(Führt ihn in die Kammer.)*

FRITZ *(hinter der Szene mit lautem Geschrei)*. Gustchen! – Seh ich ein Schattenbild? – Himmel! Himmel, welche Freude! – Lass mich sterben, lass mich an deinem Halse sterben!

GEHEIMER RAT *(wischt sich die Augen)*. Eine zärtliche Gruppe! Wenn doch der Major hier wäre! *(Geht hinein.)*

LETZTER AUFTRITT

Der Major, ein Kind auf dem Arm. Der alte Pätus

MAJOR. Kommen Sie, Herr Pätus. Sie haben mir das Leben wiedergegeben. Das war der einzige Wurm, der mir noch dran nagte. Ich muss Sie meinem Bruder präsentieren, und ihre alte blinde Großmutter will ich in Gold einfassen lassen.

DER ALTE PÄTUS. Oh, meine Mutter hat mich durch ihren unvermuteten Besuch weit glücklicher gemacht als Sie. Sie haben nur einen Enkel wiedererhalten, der Sie an traurige Geschichten erinnert; ich aber eine Mutter, die mich an die angenehmsten Szenen meines Lebens erinnert und deren mütterliche Zärtlichkeit ich leider noch durch nichts habe erwidern können als Hass und Undankbarkeit. Ich habe sie aus dem Hause gestoßen, nachdem sie mir den ganzen Nachlass meines Vaters und ihr

Vermögen mit übergeben hatte; ich habe ärger gegen sie gehandelt als ein Tiger – Welche Gnade von Gott ist es, dass sie noch lebt, dass sie mir noch verzeihen kann, die großmütige Heilige! dass es noch in meine Gewalt gestellt ist, meine fluchwürdigen Verbrechen wieder gutzumachen.

MAJOR. Bruder Berg! Wo bist du? He! *(Geheimer Rat kommt.)* Hier ist mein Kind, mein Großsohn. Wo ist Gustchen? Mein allerliebstes Großsöhnchen! *(Schmeichelt ihm.)* Meine allerliebste närrische Puppe.

GEHEIMER RAT. Das ist vortrefflich – und Sie, Herr Pätus?

MAJOR. Sie? – Herr Pätus hat's mir verschafft. – Seine Mutter war das alte blinde Weib, die Bettlerin, von der uns Gustchen so viel erzählt hat.

DER ALTE PÄTUS. Und durch mich Bettlerin – – Oh, die Scham bind't mir die Zunge. Aber ich will's der ganzen Welt erzählen, was ich für ein Ungeheuer war –

GEHEIMER RAT. Weißt du was Neues, Major? – Es finden sich Freier für deine Tochter – aber dring nicht in mich, dir den Namen zu sagen.

MAJOR. Freier für meine Tochter! *(Wirft das Kind ins Kanapee.)* Wo ist sie?

GEHEIMER RAT. Sacht! Ihr Freier ist bei ihr! – Willst du deine Einwilligung geben?

MAJOR. Ist's ein Mensch von gutem Hause? Ist er von Adel?

GEHEIMER RAT. Ich zweifle.

MAJOR. Doch keiner zu weit unter ihrem Stande? Oh, sie sollte die erste Partie im Königreich werden. Das ist ein vermaledeiter Gedanke! Wenn ich doch den erst fort hätte; er wird mich noch ins Irrenhaus bringen.

(Geheimer Rat öffnet die Kammer, auf seinen Wink tritt Fritz mit Gustchen heraus.)

MAJOR *(fällt ihm um den Hals)*. Fritz! *(Zum Geheimen Rat.)* Ist's dein Fritz? Willst du meine Tochter heiraten? – Gott segne dich. Weißt du noch nichts, oder weißt du alles? Siehst du, wie mein Haar grau geworden ist vor der Zeit. *(Führt ihn ans Kanapee.)* Siehst du, dort ist das Kind. Bist ein Philosoph? Kannst alles vergessen? Ist Gustchen dir noch schön genug? Oh, sie hat bereut. Jung, ich schwöre dir, sie hat bereut wie keine Nonne und kein Heiliger. Aber was ist zu machen? Sind doch die Engel aus dem Himmel gefallen – Aber Gustchen ist wieder aufgestanden.

FRITZ. Lassen Sie mich zu Wort kommen.

MAJOR *(drückt ihn immer an die Brust)*. Nein, Junge – ich möchte dich totdrücken – Dass du so großmütig bist, dass du so edel denkst – dass du – mein Junge bist –

FRITZ. In Gustchens Armen beneid ich keinen König.

MAJOR. So recht; das ist recht. – Sie wird dir schon gestanden haben; sie wird dir alles erzählt haben.

FRITZ. Dieser Fehltritt macht sie mir nur noch teurer – macht ihr Herz nur noch englischer. – Sie darf nur in den Spiegel sehen, um überzeugt zu sein, dass sie mein ganzes Glück machen werde, und doch zittert sie immer vor dem, wie sie sagt, ihr unerträglichen Gedanken, sie werde mich unglücklich machen. Oh, was hab ich von einer solchen Frau anders zu erwarten als einen Himmel?

MAJOR. Jawohl, einen Himmel; wenn's wahr ist, dass die Gerechten nicht allein hineinkommen, sondern auch die Sünder, die Buße tun. Meine Tochter hat Buße getan, und ich hab für meine Torheiten und dass ich einem Bruder nicht folgen wollte, der das Ding besser verstand, auch Buße getan; ihr zur Gesellschaft: Und darum macht mich der liebe Gott auch ihr zur Gesellschaft mit glücklich.

GEHEIMER RAT *(ruft zur Kammer hinein)*. Herr Pätus, kommen Sie doch hervor! Ihr Vater ist hier.

DER ALTE PÄTUS. Was hör ich? – Mein Sohn?

PÄTUS *(fällt ihm um den Hals)*. Ihr unglücklicher verstoßener Sohn. Aber Gott hat sich meiner als eines armen Waisen angenommen. Hier, Papa, ist das Geld, das Sie zu meiner Erziehung in der Fremde angewandt; hier ist's zurück und mein Dank dazu: Es hat doppelte Zinsen getragen, das Kapital hat sich vermehrt, und Ihr Sohn ist ein rechtschaffener Kerl worden.

DER ALTE PÄTUS. Muss denn alles heute wetteifern, mich durch Großmut zu beschämen? Mein Sohn, erkenne deinen Vater wieder, der eine Weile seine menschliche Natur ausgezogen und in ein wildes Tier ausgeartet war. Es ging deiner Großmutter wie dir: Sie ist auch wiedergekommen und hat mir verziehen und hat mich wieder zum Sohn gemacht, so wie du mich wieder zum Vater machst. Nimm mein ganzes Vermögen, Gustav! schalte damit nach deinem Gefallen, nur lass mich die Undankbarkeit nicht entgelten, die ich bei einem ähnlichen Geschenk gegen deine Großmutter äußerte.

PÄTUS. Erlauben Sie mir, das tugendhafteste süßeste Mädchen glücklich damit zu machen –

DER ALTE PÄTUS. Was denn? Du auch verliebt? Mit Freuden erlaub ich dir alles. Ich bin alt und möchte vor meinem Tode gern Enkel sehen, denen ich die Treue beweisen könnte, die eure Großmutter für euch bewiesen hat.

FRITZ *(umarmt das Kind auf dem Kanapee, küsst's und trägt's zu Gustchen)*. Dies Kind ist jetzt auch das meinige; ein trauriges Pfand der Schwachheit deines Geschlechts und der Torheiten des unsrigen, am meisten aber der vorteilhaften Erziehung junger Frauenzimmer durch Hofmeister.

MAJOR. Ja, mein lieber Sohn, wie sollen sie denn erzogen werden?

GEHEIMER RAT. Gibt's für sie keine Anstalten, keine Nähschulen, keine Klöster, keine Erziehungshäuser? -- Doch davon wollen wir ein andermal sprechen.

FRITZ *(küsst's abermals)*. Und dennoch mir unendlich schätzbar, weil's das Bild seiner Mutter trägt. Wenigstens, mein süßer Junge, werd ich dich nie durch Hofmeister erziehen lassen.

Zur Textgestaltung

Die vorliegende Ausgabe folgt der Erstausgabe des Jahres 1774, in Zweifelsfällen wurden hinzugezogen: Blei/Lewy (Hrsg.), Lenz, Gesammelte Schriften (ab 1909); Richter (Hrsg.), Lenz, Werke, Berlin u. Weimar 1980. Interpunktion und Rechtschreibung wurden behutsam den neuen amtlichen Regeln angeglichen.

NACHWORT

Das dichterische Werk des Jakob Michael Reinhold Lenz ist lange verkannt worden, eine Neubewertung in unserer Zeit ist nicht zuletzt durch Brechts Neufassung des „Hofmeister" und durch Kipphardts Bearbeitung der „Soldaten" bewirkt worden.

Lenz wurde am 23. Januar 1751 als Sohn eines pietistischen Pfarrers in Sesswegen (Livland) geboren. Er hatte sieben Geschwister. 1768 begann er das Studium der Theologie in Königsberg, besuchte Vorlesungen Kants und setzte sich mit dem literarischen Schaffen seiner Zeit auseinander. 1771 begleitete er zwei kurländische Adlige auf eine Bildungsreise nach Südwestdeutschland. Unterwegs bemühte er sich in Berlin um einen Verleger für seine Übersetzung von Alexander Popes „Essay on Criticism" (1711). In Straßburg lernte er durch den Gerichtsschreiber Salzmann den nur wenig älteren Goethe kennen, der hier seine juristischen Studien abschloss. In den wenigen Wochen, die Goethe noch in Straßburg blieb, entwickelte sich eine Freundschaft, die Lenz den Sturm und Drang eröffnete. Nachdem zuvor Goethe durch die Begegnung mit Herder und durch den Einfluss der Landschaft am Oberrhein einen neuen Ton in seiner Lyrik gefunden hatte, stimmte nun auch Lenz in diesen Klang ein und verfasste Gedichte, die man lange Zeit Goethe zuschrieb. Wie Goethe so richtete auch Lenz Gedichte an Friederike Brion, die Tochter des Pfarrers in Sesenheim; und so bekam der Student Heinrich Kruse 1835, als er in und um Straßburg Goethes Spuren folgte, von Friederikes Schwester Sophie insgesamt elf Gedichte zu Gesicht und schrieb alle als „Sesenheimer Lieder" ab. Goethes Urheberschaft ist nur bei einigen gesichert.

Als die Brüder Kleist nach Livland zurückkehrten, blieb Lenz in Straßburg und verdiente seinen Lebensunterhalt notdürftig mit Privatstunden. In dieser Zeit entstanden Erzählungen, Plautus-Übertragungen, deren Erscheinen in Leipzig Goethe vermittelte. In den „Anmerkungen übers Theater nebst angehängten übersetzten Stück Shakespears", ebenfalls 1774 in Leipzig erschienen, trug Lenz vor allem seine Theorie zu Shakespeare vor, mit dem er sich bereits in Königsberg befasst und Übersetzungen vorgenommen hatte. Bereits 1771 hatte er in Straßburg einen Vortrag über Shakespeare gehalten, also gleichzeitig mit Goethes „Rede zum Schäkespears-Tag" und Herders Aufsatz „Shakespeare". (In diesem Zusammenhang sei auf Lessings „Hamburgische Dramaturgie" von 1767/69 und auf die von ihm ab 1759 herausgegebenen „Briefe, die neueste Litteratur betreffend" hingewiesen.)

Lenz lehnte die drei Einheiten-Lehre des Aristoteles (des Ortes, der Zeit, der Handlung), wie sie im französischen Klassizismus aufgefasst wurde, ab und lobte Shakespeares Darstellung der „nackten Natur". Von Shakespeare leitete er auch die Abgrenzung der Tragödie von der Komödie ab, es ist die Unterscheidung zwischen Charakteren und Handlung: „Eine Komödie ohne Personen interessiert nicht, eine Tragödie ohne Personen ist ein Widerspruch." Diese von ihm vorgetragene Abgrenzung führte dazu, dass er das Theaterstück „Der Hofmeister", an dem er in dieser Zeit (ab 1772, 1774 anonym erschienen) arbeitete, eine Komödie nannte, obwohl selbst der versöhnliche Schluss nicht über den bitteren und gesellschaftskritischen Gehalt hinwegtäuschen kann. Noch 1772 bezeichnete er das Stück in mehreren Briefen an Salzmann als „Trauerspiel".

Lenz nahm für den „Hofmeister" einen Vorfall aus Livland zur Vorlage: Die Tochter der angesehenen Familie von Berg war kurz zuvor durch ihren Hofmeister verführt worden. Vor allem aber gestaltete er darin das ihn lebenslang bedrückende Verhältnis zu seinem Vater. Schon in der Königsberger Zeit hatte der Vater sich verständnislos und hart gezeigt; auf einen dringenden Brief des Sohnes, in dem es hieß: „Die Not lehrt hier beten und betteln. Gegen den Winter kommen viel neue Ausgaben: Holz, ein neuer Schlafrock ...", reagierte der Vater mit Ermahnungen, ohne jedoch Geld zu schicken. Als Lenz sich einige Zeit als Hofmeister durchschlug, schrieb er dem Vater: „Erst Hofmeister, dann Sekretär. Ein schlechter wohl nicht, damit er dich abdanken könne. Nein, nein, ein guter, folglich ein ewiger Sekretär, ... ein ewiger freier Untertan seines Hauses, der nie sein eigenes Vermögen, nie heiraten, nie selbst eine Wirtschaft führen kann, immer die Füße unter einen fremden Tisch strecken muß" (vgl. hierzu die Worte des Geheimen Rats im „Hofmeister", II. Akt, 1. Szene!). Im „Hofmeister" wird das Gleichnis vom verlorenen Sohn (vgl. Evangelium des Lukas, Kap. 15, Verse 11–32) im Verhältnis der Figuren immer wieder variiert. Albrecht Schöne nennt dies die „Wiederholung der exemplarischen Begebenheit": „Der Vorgang des Wiederfindens von Vater und Sohn, die Herstellung zuvor nicht vorhandener oder gelöster Vaterschaftsbeziehungen durch ausdrückliche Vater-Sohn-Bezeichnung, immer mehr oder minder deutlich als Rückkehr und Versöhnungsvorgang modelliert, erscheint bei Major/Fritz, Rehaar/Pätus, Geh. Rat/Gustchen, Major/Kind, Fritz/Kind, Läuffer/Kind. Vollkommen durchkonstruierte Exempla des Modells finden sich beim alten Pätus/Marthe, Pätus/alter Pätus, Major/Gustchen, Geh. Rat/Fritz ... Die scheinbar wild wuchernden Nebenepisoden, die unübersichtliche Vielsträngigkeit der Handlung, die Fülle entbehrlicher Randfiguren, unglaubwürdige, abgeschmackte Ereignisse und psychologisch unbegreifliche Verhaltensweisen – das alles gehorcht in Wahrheit formender Absicht." (Schöne, Säkularisation als sprachbildende Kraft. Studien zur Dichtung deutscher Pfarrersöhne, Göttingen 1958, S. 116f.)

Als „Der Hofmeister oder Vorteile der Privaterziehung" 1774 anonym erschien, wurde es allgemein für ein Werk Goethes angesehen. Herder und Schubart lobten es, für andere Theaterstücke des Sturm und Drang wurde es Vorbild. Als einziges der zahlreichen Stücke Lenz' wurde es zu seinen Lebzeiten, 1778 in Hamburg, danach auch in Berlin und Mannheim aufgeführt.

1775 kehrte Goethe kurz nach Straßburg zurück und nahm Lenz nach Emmendingen mit, wo Goethes Schwester mit Johann Georg Schlosser verheiratet war. Lenz hatte ein weiteres noch heute gespieltes Theaterstück abgeschlossen und an Herder gesandt: „Die Soldaten" (Hamburger Leseheft Nr. 184), veröffentlicht 1776. Hier behandelte er die Verführung eines Bürgermädchens durch zur Ehelosigkeit gezwungene Soldaten und verfasste zu diesem Thema auch eine Denkschrift, „Über die Soldatenehen“, mit der er sich bei Karl August von Weimar, Goethes Landesherrn, einzuführen hoffte. Daneben erschienen in rascher Folge theologische Aufsätze und weitere Theaterstücke, darunter „Die beiden Alten“ nach einer französischen Vorlage. Schiller nahm das darin behandelte Thema des vom eigenen Sohn im Keller eingesperrten Greises in „Die Räuber“ (Hamburger Leseheft Nr. 48) auf (IV. Akt, 5. Szene), auch Lenz’ „Anmerkungen übers Theater“ waren ihm bekannt.

1776 reiste Lenz über Frankfurt, wo er Goethes Eltern aufsuchte, nach Weimar und wurde in Goethes Kreis freundlich aufgenommen. Doch bald wurde ihm klar, dass die Freundschaft mit Goethe sich nicht fortsetzen ließ. Wie schon in Straßburg zeigten sich Wahnvorstellungen und Anzeichen einer Nervenkrankheit. Auch Lenz’ enthusiastische Erwartungen in die Weimarer Gesellschaft wurden enttäuscht: Wie überall, so bestand auch hier eine deutliche Schranke zwischen Adel und Bürgertum. Ein unbekannter Vorfall, von Goethe als „Lenzens Eselei“ bezeichnet, bewog ihn, Lenz durch den Herzog des Landes verweisen zu lassen. Der Ausgewiesene kehrte nach Emmendingen zu Goethes Schwager zurück, durchwanderte von dort aus das oberrheinische Gebiet und vollendete sein letztes größeres Werk, die Erzählung „Der Landprediger“ (1777). Als Cornelia Schlosser, Goethes Schwester, an den Folgen einer Entbindung starb, beschleunigte sich Lenz’ geistiger Zusammenbruch. In einem Trauergedicht schrieb er: „Mein Schutzgeist ist dahin, die Gottheit, die mich führte / Am Rande jeglicher Gefahr / Und wenn mein Herz erstorben war.“ Immer stärker machte sich Schizophrenie bei ihm bemerkbar, sodass er im Winter 1777/78 zu dem Pfarrer Oberlin in Waldersbach/Vogesen in Pflege gegeben wurde. Dessen Bericht diente 1835 Georg Büchner als Vorlage für seine Erzählung „Lenz“ (Hamburger Leseheft Nr. 161), in der er Oberlins Notizen bis ins Detail verarbeitete. Schon nach wenigen Wochen musste Lenz, der mehrere Selbstmordversuche unternommen hatte, unter Bewachung nach Straßburg gebracht werden. Oberlin berichtete nach Dorpat an Lenz’ Vater, dem auch Schlosser mehrere Briefe sandte. Schließlich wurde Lenz nach Jena zu seinem dort studierenden Bruder geschickt, wo zunächst der Herzog von Weimar für seinen Lebensunterhalt sorgte. Noch einmal reiste Lenz gen Süden, nach ärztlicher Betreuung in Basel holte sein Bruder ihn 1779 ab und brachte ihn über Lübeck nach Riga, wo der Vater inzwischen zum Generalsuperintendenten für Livland ernannt worden war.

Nach kurzer Besserung seines Zustandes nahm Lenz sein Wanderleben wieder auf: Über Petersburg gelangte er 1781 nach Moskau, wo er sich als Übersetzer russischer Geschichts- und Handelsbücher und als Verfasser von Huldigungsgedichten beschäftigte. Ein russischer Schriftsteller, Karamsin, wurde sein Vertrauter und urteilte über ihn: „Selbst in seinem Irresein setzten uns seine poetischen Ideen in Erstaunen.“ Noch einmal wandte der Kranke sich an den Vater: „... teuerster Vater: Ich winde mich als ein Wurm im Staube und flehe um Erlösung... Ich habe gefehlt, 1000 Mal gefehlt ...“, aber der antwortete nicht einmal. Am Morgen des 4. Juni 1792 wurde Jakob Michael Reinhold Lenz tot in einer Moskauer Straße gefunden. Fremde begruben ihn, sein Grab ist nicht bekannt.

„Der Hofmeister“, vom Autor zunächst als Trauerspiel, dann als Komödie bezeichnet – wie und wo lässt das Stück sich zuordnen? Lenz verstand die Komödie als „Gemälde der menschlichen Gesellschaft, und wenn die ernst wird, kann das Gemälde nicht lachend werden“ und ging davon aus, dass „der komische Dichter dem tragischen sein Publikum (erschafft).“ (Lenz, Rezension des neuen Menoza, vom Verfasser selbst aufgesetzt, 1775). Nahm er also die Komödie Dürrenmatts vorweg, die eigentlich Tragikomödie ist? Dürrenmatt schrieb: „Die Tragödie und die Komödie sind Formbegriffe, dramaturgische Verhaltensweisen, fingierte Figuren der Ästhetik, die Gleiches zu umschreiben vermögen. Nur die Bedingungen sind anders, unter denen sie entstehen, und diese Bedingungen liegen nur zum kleineren Teil in der Kunst. Die Tragödie setzt Schuld, Not, Maß, Übersicht, Verantwortung voraus... Uns kommt nur noch die Komödie bei.“ (in: Theaterprobleme, Zürich 1966, S. 123)

Nimmt man Lenz’ zweites heute noch bekanntes Stück „Die Soldaten“ hinzu, so wird deutlich, wie er „das moderne Theater des Scheiterns und der Sinnlosigkeit“ (Curt Hohoff, Jakob Michael Reinhold Lenz, Hamburg 1977 = Rowohlts Monographien Bd. 259, S. 83) vorweggenommen, aber auch Büchner ("Woyzeck“) beeinflusst hat. Vor allem aber ist auf Bert Brecht hinzuweisen, dessen Bearbeitung des „Hofmeister“ 1950 einen neuen Abschnitt der Lenz-Rezeption eröffnete. („Die Soldaten“ wurden überhaupt erst 1911 in München und 1916 durch Max Reinhardt in Berlin erfolgreich aufgeführt, 1968 erschien die Bearbeitung durch Heinar Kipphardt, 1965 die Oper „Die Soldaten“ von Bernd Alois Zimmermann nach dem Text von Lenz.)

Brecht begründete seine Bearbeitung des „Hofmeister“: „Nicht nur, um das deutsche Theater zu bestücken, dessen klassisches Repertoire in diesen Zeiten der Umwälzung erschreckend zusammengeschrumpft, sondern auch, um den Weg zu Shakespeare zu bahnen, ohne den ein nationales Theater kaum zustande kommen kann, schien es rätlich, zu den Anfängen der Klassik zurückzugehen, dahin, wo sie noch realistisch und zugleich poetisch ist. Bei Stücken wie dem Lenzschen ‚Hofmeister‘ nämlich können wir ausfinden, wie wir den Shakespeare aufführen können, haben wir doch hier seinen ersten Niederschlag in Deutschland vor uns. Noch hat die Idee nicht das Stoffliche vergewaltigt; es entfaltet sich üppig nach allen Seiten, in natürlicher Unordnung. Das Publikum befindet sich noch in der großen Diskussion; der Stückschreiber gibt und provoziert Ideen, gibt uns nicht das Ganze als Verkörperung von Ideen...“ (aus „Stückwahl“, in „Schriften zum Theater 3“, Bd. 17 der Ges. Werke, Frankfurt 1967, S. 1221). Und in „Ist ‚Der Hofmeister‘ ein ‚negatives Stück‘?“ schreibt Brecht: „Von einigen ist gegen die Aufführung oder Bearbeitung des ‚Hofmeister‘ eingewendet worden, es sei ein negatives Stück. Das Berliner Ensemble vertrat die Meinung, dass das Stück, enthaltend drei Porträts von Schulmeistern (Geheimer Rat, Wenzeslaus, Läuffer) und drei von Studenten, die Schulmeister werden wollen (von Berg, Pätus, Bollwerk), aus der Zeit, wo das deutsche Bürgertum sein Unterrichtssystem errichtete, ein anregendes satirisches Bild dieses Teils der deutschen Misere gibt. Die Aufführung konnte durchaus als ein Beitrag zu der großen Erziehungsreform gelten, die eben jetzt in der Republik durchgeführt wird ...“ (a.a.O. S. 1250).

ERLÄUTERUNGEN

Die Ziffern vor den Anmerkungen bezeichnen die Seiten

3 *Adjunkt.* Beigeordneter
4 *galoniert.* mit Borten versehen
5 *buschscheu.* Reitersprache: Pferd, das vor einem Gebüsch scheut
blöd. schüchtern, zaghaft
Kompliment. Verbeugung (als Teil des Tanzes)
Menuett. frz. Hoftanz
Pas. Tanzschritt
Assemblée. Geselligkeit
enrhumiert. erkältet
6 *Kochisches Theater.* eine zu Lenz' Zeit in Leipzig bekannte Schauspielertruppe
7 *rekreieren.* erholen
Malum hydropisiacum. Hydropsie, Wassersucht
Cornelius Nepos. röm. Geschichtsschreiber d. letzt. vorchristl. Jhs.
9 *Nachtmahl.* Abendmahl, hier: Konfirmation
Absalom. Sohn Davids, vgl. 2. Samuel 18, 5
10 *Juliette.* vgl. Shakespeares „Romeo und Julia"
Gellert. pietistisch belehrender Dichter, 1715–1769
15 *Domestiken.* Dienstboten
16 *Laban.* Schwiegervater Jakobs, vgl. 1. Mose 29, 14 ff.
Grotius. Hugo, 1583–1645, bedeutender niederländischer Jurist
17 *Salariert.* durch ein Gehalt bezahlen, entlohnen; vgl. lat. „salarium = Sold" und frz. „Salaire = Gehalt, Lohn"
18 *Faktotum.* hier in heute nicht mehr geläufiger Bedeutung: jemand, der schon über längeren Zeitraum alle in einem Haushalt anfallenden Arbeiten erledigt hat; sinngemäß „Mädchen für alles".
Polyhistor. in vielen Fächern bewanderter Gelehrter
subsistieren. sein Leben fristen
quittieren. hier: den Dienst aufgeben, vgl. frz. quitter le service
20 *besponnen.* gekleidet
Philister. Spießbürger
21 *steht noch zu Gevattern.* ist noch verpfändet
22 *Karzer.* Schul- und Universitätsgefängnis
23 *Döbblin.* Theaterdirektor, gastierte mit seiner Truppe zu Lenz' Zeit in Königsberg und Leipzig
zum Versatz annimmt. ins Leichhaus nimmt
24 *Minna von Barnhelm.* Lustspiel von Gotthold E. Lessing (1767).
26 *Lehre.* hier: Konfirmandenunterricht
Abaelard. Philosoph, 1079–1142, heiratete heimlich seine Schülerin Heloise, wurde zur Strafe entmannt
Neue Heloise. Roman Rousseaus, 1769 erschienen
27 *Piquet.* Kartenspiel
Fontanelle. Schröpfkopf zum Absaugen von Blut
Ökonomie. Landwirtschaft
Quäker. Angehöriger einer christlichen Glaubensgemeinschaft (vor allem in Nordamerika verbreitet)

28 *Heautontimorumenos.* Selbstquäler, Titel eines Lustspiels von Terenz
Dacier. Anne, 1654–1720, frz. Schriftstellerin, berühmt durch ihre Klassiker-Ausgaben, u. a. Plautus und Terenz
Du siehst nimmer nichts. Im älteren Sprachgebrauch haben zwei Verneinungen einander nicht aufgehoben, sondern eine doppelte Verneinung diente der besonderen Betonung
Lazarus. vgl. Evangelium des Lukas 16, 19 ff.
Leber. in der griech. Mythologie fraß ein Adler täglich von der Leber des im Kaukasus an den Felsen geschmiedeten Prometheus
schalu. frz. jaloux: eifersüchtig
29 *Kollektion von Sottisen.* Sammlung von Dummheiten
Sieben Weise: moralische und politische Aussagen, die sieben griechischen Staatsmännern und Philosophen des 7. u. 6. Jh.s v. Chr. zugesprochen werden; erstmals bei Platon erwähnt
Kreditores. Gläubiger
wegstecken. ins Schuldgefängnis werfen
30 *Kavent.* Gewährsmann, Bürge
prostituieren. preisgeben
Säkulum. „ein Jahrhundert“ oder „ein Zeitalter“.
Präzeptor. Lehrer, Erzieher
31 *Pedell.* Hausmeister einer Universität
Sekundant. Beistand (im Duell)
34 *Infamie.* Niedertracht, Schande
Vorschrift. wörtlich zu verstehen: Schreibvorlage
35 *Patron.* Dienstherr
Cholera. von griech. chole: die Galle; so viel wie aufbrausender Mensch, vgl. Choleriker
36 *Tresse.* Schmuckbesatz an Kleidungsstücken, Uniformen etc.; dient häufig auch der Rangbezeichnung, z. B. im Militär.
etwas pressiert. etwas ist sehr eilig; bes. im süddtsch., schweiz. u. österr. Sprachgebrauch
Attitüde. Haltung
Efferveszenz. Aufbrausen
37 *junger Siegfried.* vermutlich eine Anspielung auf den Sagenheld Siegfried aus dem Nibelungenlied, der sich u. a. durch Kühnheit u. Unbesiegbarkeit auszeichnete
umständliche Nachricht. alle Einzelheiten enthaltender Bericht
38 *Eli.* vgl. 1. Samuel Kap. 2 und 4
Damon. wurde vom Tyrannen Dionysios I. um 400 v. C. in Syrakus zum Tode verurteilt. Damit er zuvor noch seine auswärtigen Angelegenheiten ordnen konnte, bürgte sein Freund Phintias für ihn; vgl. Schillers Ballade „Die Bürgschaft“ (1798)
39 *Kapaun.* Kastrierter Masthahn
Ignorant. Dummkopf
Millius. falsches Latein: tausend
laxieren. abführen
40 *ἄριστον μὲν τὸ ὕδωρ.* Das Beste aber (ist) das Wasser – aus den Olympischen Siegesliedern von Pindar (522–446 v. C.)
Großmogul. bis ins 19. Jh. Titel nordindischer Herrscher

Zugemüse. veraltete: Gemüsebeilage von Fleischgerichten
Tabagie. früher ein Gasthaus, in dem geraucht werden durfte
41 *Allons.* französisch: Vorwärts!
Latinität. Klassische lateinische Schreibweise
Corderii Colloquia. die „Gespräche“ (der Scholastiker) von M. Corderius, 1640
Gürtler. Herausgeber eines mehrsprachigen Wörterbuchs im 18. Jh.
Kollaborator. Mitarbeiter, Hilfslehrer
42 *ungeboren.* d. h. ohne deutliche Aussprache
43 *Kain.* vgl. 1. Mose 4, 12
Krieg mit den Türken. 1768–1774
griechisch werden. zum griech.-orthodoxen Bekenntnis übertreten
44 *Türkenpallasch.* Pallasch ist ein schwerer Säbel
Victorie. Sieg, hier bitter gemeint
drei Lilien. Anspielung auf Brandmarkung von Sträflingen u. Huren
45 *auszustehn.* zu betteln
46 *gerochen.* veraltet für: gerächt
47 *Schöpsen.* drastische Namengebung: „Hammel“, „Dummkopf“
Bankozettel. Scheck
ius naturae. Naturrecht
ius civile. bürgerliches Recht
ius canonicum. Kirchenrecht
ius gentium. Völkerrecht
in fine ... am Ende wird sich zeigen, (zu) wessen Guten – entstelltes Latein
48 *Pathologie.* Krankheitslehre.
Collegia. gemeint sind wohl die Vorlesungen an der Universität
in amore ...in der Liebe liegen alle Laster
52 *Czartorinsky.* einer der Bewerber um den polnischen Thron, 1763
Chor. gleichgestimmtes Saitenpaar bei der Laute
honett. anständig
toujours content, jamais d'argent. immer zufrieden, nie Geld
53 *Magnifikus.* Universitätsrektor
55 *Hagar.* Magd Saras, Mutter Ismaels, vgl. 1. Moses 16
auf Gottes Barmherzigkeit gehen. Umschreibung für: betteln gehen
56 *immatrikuliert.* ordnungsgemäß an einer Hochschule angemeldet
bewehrt. veralteter Ausdruck für „bewaffnet, mit Waffen ausgerüstet und so gegen Angriffe geschützt“
legieren. so viel wie wegnehmen
57 *Honettetät.* Substantivbildung zu dem Adjektiv „honett – rechtschaffen, ehrenhaft, anständig und zugleich etwas bieder“
58 *frigidus* ... kalt bis in die Knochen
Lineamenten. hier gemeint: die Gesichtslinien
Origenes. um 185–253/54, griech. Kirchenvater, entmannte sich
Jubilate! Jauchzet!
Evoe. ejuchhei! (griech.)
Lots Weib. vgl. 1. Moses 19, 26
Sodom. Anspielung auf die biblischen Städte Sodom u. Gomorrha, die aufgrund ihrer Freveltaten von Gott zerstört wurden; die Frevel-

tat der Bewohner Sodoms bestand darin, dass sie den Gastfreunden Lots sexuelle Gewalt antun wollten
Zoar. südlichste der fünf auf Lots Bitte verschonten Städte, vgl. 1. Moses 19, 21 f.
Essäer. Essener, jüdische Sekte zur Zeit Jesu
59 *Josephus.* jüdischer Geschichtsschreiber (37 bis um 100)
in amore ... vgl. zu Seite 48
lauro ... ich will die Schläfen ihm mit Lorbeer umkränzen, und er wird die Gestirne mit erhobener Stirn berühren
Kuvert. Brieftasche, d. h. Sammelmappe
60 *Krepanz.* zu krepieren: platzen, verenden
61 *maliziös.* boshaft, hämisch
62 *Lotterie.* ihre Anfänge gehen bis ins 16. Jh. zurück
64 *kalmäusern.* den Kopf hängen lassen
Friedrichsd'or. preußische Goldmünze v. 1750–1855
65 *σκάνδαλον ἐδίδους ἑταῖρε.* du hast Ärgernis gegeben, Freund
kasuistisch. hier: für seinen casus = Fall
66 *Lutherus.* Luther folgte 1521 der Aufforderung, nach Worms vor den Reichstag zu kommen, mit den Worten: „Wenn so viel Teufel in Worms wären als Ziegel auf den Dächern, so wollt ich doch hinein!"
... *wachsen lassen.* vgl. Evangelium nach Matthäus 13, 24 ff.
67 *alter Sauerteig* vgl. 1. Korinther 5, 6 ff.
Kräfte der zukünftigen Welt. vgl. Brief an die Hebräer 6, 5
Areopag. höchster Gerichtshof im antiken Athen
Phryne. athenische Tempeldirne, ihre Reize stimmten die Richter, als sie angeklagt wurde, günstig
Fleischtöpfe Ägyptens. vgl. 2 Moses 16, 3
69 *pro deum* ... lat., falsch dekliniert: im Vertrauen auf Gott und die Menschen
Wolf in Schafskleidern. vgl. Evangelium nach Matthäus 7, 15
Ärgernis. vgl. Evangelium nach Matthäus 18, 7
o tempora ... o Zeiten, o Sitten (der Anfang von Ciceros „Catilina")
Valerius Maximus. römischer Schriftsteller
de pudicitia. über die Keuschheit
ut etiam oscula ... damit sie dem Gatten auch unverdorbene Küsse gab, auch Küsse, nicht nur Jungfräulichkeit
profanieren. entweihen
70 *Mietling.* käuflicher Söldner, vgl. Evangelium nach Johannes 10, 12
connubium sine prole ... eine Ehe ohne Nachkommenschaft ist wie ein Tag ohne Sonne
seid fruchtbar. vgl. 1. Moses 1, 28
71 *Heiraten ist besser* ... vgl. 1. Korinther 7, 9
homuncio. Schwächling
... *Sohn heiße.* vgl. Evangelium nach Lukas 15, 21
72 *Ritter von der runden Tafel.* Ritter der Tafelrunde des sagenhaften keltischen Königs Artus
75 *englischer.* engelhafter
darf. so viel wie: braucht